Inhoud

Hoofdstuk 1 – het grote plaatje

Hoe vertaal je de visie naar je online strategie, de missie, de doelgroep, storytelling, de concurrentie, de Customer Activity Cycle, de Customer Touchpoints.

Hoofdstuk 2 – Social Media

Wat is Social Media en wat zijn brand ambassadors. Hoe verricht je een sentiments-analyse en wat is het belang van reviews. Hoe meten we dankzij Social Media Monitoring tools.

Hoofdstuk 3 – Portable

Wat zijn nieuwe ontwikkelingen, applification van het web, locatie marketing. Hoe synchroniseer je met de klant en het scherm voor zijn snufferd. Hoe zorg je voor consistentie.

Hoofdstuk 4 – Informatie hiërarchie

Hoe ga je om met laadtijd en de hiërarchie van een website.

Hoofdstuk 5 – Visuele hiërarchie

Hoe kun je spelen met font groottes, dominantie, proporties, kleurgebruik, contrasten, groepering, herhaling, herhaling, witruimtes en spatiering, website stramien,stijlen en templates, soorten pagina's en typografie. Wat is er overgebleven van de paginavouw.

Hoofdstuk 6 – Navigatie (de varianten)

Hoe navigeer je via een zoekopdracht, menustructuur, hoe biedt je hulp,

Hoofdstuk 7 – Chat, Call me back/Now

Hoofdstuk 8 – Waarom gevonden worden

Hoe wordt je gevonden via je eigen kanalen, in de app store, via zoekmachines, binnen je eigen platform of vanuit de omgeving (locatie marketing) of wordt je weer teruggevonden: remarketing.

Hoofdstuk 9 – Meer leads genereren

Hoofdstuk 10 – Business modellen

Hoofdstuk 11 – De essentie van de funnel

Van de oriëntatiefase, naar de verleidingsfase tot de bezinkingsfase, naar de transactiefase de gebruiksfase en de afterservice fase.

Hoofdstuk 12 – De learning loop

Hoofdstuk 13 – Content strategie

De keuze voor de device en het bieden van toegevoegde waarde. Verschuiving van publicatie naar streams. Wat is nieuws en wat niet. De uitgangspunten en het contentplan

Hoofdstuk 14 – Wat ik verder nog kwijt wil

F-commerce en QR codes, Optimaliseren voor mobiel, usability onderzoek en wat kun je allemaal testen. Wat te doen met foutmeldingen. Het verschil tussen cross-sell, up-sell en bundelen.

En some final **bonus** thoughts....

Hoofdstuk 1 – Het grote plaatje

Nostalgisch voelt het als je terug denkt aan de tijd dat je op "de digitale stad" op de universiteit naar webpagina's kon kijken met draaiende animated gifjes. Stoffige kamers waar dan een personal computer stond met een analoog lijntje waar je helemaal doof van werd wanneer hij probeerde verbinding te zoeken met een http omgeving. Internet staat niet meer synoniem met een huge sta-in-de-weg van een pc en alleen maar werd gewaardeerd door de echte nerds.

De nerds van toen, zijn de online managers van vandaag en de digital directors van morgen.

Dat de online channels straks vertegenwoordigd worden in de directie, staat onvermijdelijk vast. Het is niet meer een speeltje of een zandbak van nieuwe technieken. Internet is net zo mainstream geworden als de TV in de jaren 70. Het is een middel waarmee geld verdiend wordt. Veel geld. Dat de snelheid enorm is toegenomen en het scherm waarvan je het bekijkt 10 verschillende vormen heeft aangenomen, geeft alleen maar aan dat internet een basisbehoefte is. Een behoefte die we altijd bij ons willen hebben. Thuis, onderweg, op vakantie, in de meest exotische oorden. De veelvoud aan schermen zijn informatiedragers geworden zodat we connected zijn. We noemen de verschillende schermen ook wel connected devices. Van tablet, tot narrowcasting tot incar entertainment.

Nu bedienen we het internet nog actief, straks komt het naar ons toe. Op basis van ons gedrag (eetgedrag meet zich aan dat de koelkast leeg is en dus favo drankjes besteld moeten worden) gaan we de internet ontvangst gebruiken voor veel meer service dan dat we vandaag de dag gebruiken.

Het online kanaal is zich gaan professionaliseren. Verschillende specialisaties hebben zich ontwikkeld tot concrete vakgebieden waardoor organiseren van het kanaal complexer is geworden. Internet heeft zich ontwikkeld van nieuwkomer tot serieuze partner binnen multichannel distributie kanalen en is online een facilitator geworden, een enabeler, een middel om de toegevoegde waarde te laten zien van je bedrijf. Dat het nieuwe werken in combinatie met de netwerk economie een trend is geworden is niet zo vreemd. De economie draait niet meer van negen tot vijf, maar gaat dag en nacht door. De wereld heb je letterlijk in je broekzak. De iPhone of Android toestellen bereiken iedereen die je maar wilt bereiken, op welk plekje dan ook.

Doordat er ongelofelijk veel aanbod beschikbaar is zijn er filters (de zoekmachines, special interest portals, specifieke applicaties) gekomen die je actief aan en uit kunt zetten, en zijn er programma's of apps gekomen die de informatie naar je toe brengen. Op de manier waarop jij dat zelf wilt. Of je nu je informatie binnenkrijgt via nieuwsbrieven, RSS feeds of Flipboard, er moet en zal gefilterd worden. Anders is al die informatie op internet niet te behappen. In dit boek worden veel Engelse termen gebruikt. De reden is eenvoudig. Niet omdat het zo'n mooie taal is, maar omdat internet wereldwijd wordt toegepast. Engelse begrippen zijn daarom vaak een logische uitleg in het vakjargon. Zo wordt bijvoorbeeld het internet kanaal ook het digitale kanaal genoemd, of connected, of ecommerce kanaal. Laat je niet van je voetstuk brengen. Hiermee wordt vaak hetzelfde bedoeld.

Visie

Vaak is binnen je organisatie al een visie beschikbaar, een visie voor het bedrijf als geheel. Vooral bij grote bedrijven worden vanuit de business units vaak vertalingen gemaakt van deze visie. Bij het internetkanaal is dat niet anders. Een online visie is de vertaling van je corporate visie. Hiermee geef je aan wie je wilt zijn op het online gebied. Ben je een retailer, een inspirator, een facilitator, een enabeler, een doorgeefluik of simpelweg een verzamelplaats voor een bepaalde categorie van informatie, diensten of producten. In een visie geef je aan waarom je de diensten van het bedrijf online wilt ontsluiten en op welke manier je dat denkt te gaan doen. Wat maakt jou onderscheidend en waarom is online het beste middel hiervoor. Een voorbeeld van een visie voor een informatieplatform zou kunnen zijn.

"Samenwijnproeven" heeft als visie dat het proeven van wijn leuk moet zijn en dat het een activiteit is dat samen gedaan moet worden. Samenwijnproeven.nl is een inspirator en enabeler als het gaat om wijn proeven.

"Samenwijnproeven.nl inspireert haar bezoekers en nodigt hen uit tot dialoog/interactie, (actieve) participatie en contentsharing (het delen van informatie in zowel beeld, geluid als tekst op een inspirerende manier) waardoor de bezoekers zich zowel met de SamenWijnProeven B.V. als met elkaar verbonden voelen op het gebied van wijn proeven. Dit wordt gemeten in termen van bezoekerswaarde (herhaalbezoek/aankoop) en relevantie. Relevantie kent vier vormen: persoonlijk[1], contextueel[2], tijdsgebonden[3] en locatiegebonden[4]."

---

[1] *Persoonlijk relevant* = voor het individu relevant. Dit kan op basis van zijn aankoopgedrag zijn, obv zijn surfgedrag of gebruiksgedrag naar specifieke wijnsoorten.

[2] *Contextueel relevant* = op het connected device beschikbaar afhankelijk van de omgeving waar de gebruiker zich in begeeft.

[3] *Tijdsgebonden* = er is een verschil in informatiebehoefte in de periode van de dag, week of maand wanneer er wijnproeverijen plaats vinden.

[4] *Locatiegebonden* = afhankelijk van de geografische locatie waarin de gebruiker zich bevindt, verschilt de informatiebehoefte naar bv specifieke locaties waar wijn geproefd kan worden.

De missie

Wat verkoop je, wat biedt je aan, wat is je relatie met je offline producten. Of heb je productdifferentiatie via de verschillende kanalen? Waar bestaat je toegevoegde waarde uit, wat is je onderscheidende vermogen. De missie is een vertaling van je online visie. Hoe denk je dat je de belofte uit gaat voeren en gaat nakomen. Wordt Samenwijnproeven.nl een verzamelplek waar alle informatie beschikbaar komt en wat maakt het uniek. Hoe ga je de belofte invullen. Als je vertelt dat je service gaat bieden, dan ben ik benieuwd naar waar die service dan uit bestaat. Alle websites zijn 24/7 open. Daar ben je niet uniek in. Kun je misschien op een andere manier toegevoegde waarde aanbieden. Bied je net als Zappos een 365 dagen niet goed geld terug garantie of heb je betere verkoopvoorwaarden, net even betere service omdat je klanten altijd persoonlijk nabelt om te kijken of ze tevreden zijn. Hiermee leg je uit wat je USP is. Het hoeft niet altijd zo heel groot te zijn. Je kunt wellicht ook de aller allerbeste handleidingen met je producten meegeven.

Doelgroep selectie

Het staat buiten kijf dat je moet weten voor wie je het allemaal doet. Wie is je klant, je doelgroep. Doordat er meerdere beelschermen beschikbaar zijn kun je ook meerdere doelgroepen aanboren. Er zijn verschillende methodieken om je doelgroepen te selecteren.

Zo kun je doelgroepen segmenteren op leeftijd. Stel dat fietsen je business is, dan is het logisch dat je de website voor driewielers anders inricht dan voor fietsen met een hulpmotor.

Doelgroepen zijn ook geografisch in te delen. Zo kun je als Halfords prima regio's onderscheiden en de website aanpassen naar de geografische kenmerken. Is een bezoeker op zoek naar de Halfords in Hoofddorp, toon dan naast de fietsen ook de leuke fietsroutes die je rondom Hoofddorp kunt maken.

Mijn persoonlijke favoriete manier van doelgroep selectie is het gebruik van Persona's. Het laat zich namelijk veel beter segmenteren dan een traditionele NAW segmentatie. Segmentatie vindt plaats aan de hand van etnografische kenmerken. Persona's zijn archetype bezoekers. Gebaseerd op de behoeftes en gedragskenmerken van mensen. Het maakt namelijk niet zoveel uit of iemand 20 of 30 jaar is. Dit onderscheid is niet altijd van toepassing. Koopt een persoon van 48 een boek anders dan iemand van 23? Ik denk het niet. Het is veel interessanter te weten of iemand een voorliefde heeft voor thrillers of wetenschappelijke boeken. Het verschil kan juist zijn in de manier waarop iemand een boek aanschaft. Doet hij dat voor zijn plezier, of puur omdat het zijn werk is. Het aanschafproces is dan compleet verschillend. In de eerste situatie belicht je veel meer de attractieve passages en schrijfstijl van het boek en zijn testimonials heel belangrijk. In het tweede geval is het belangrijk dat iemand zo makkelijk mogelijk het boek kan aanschaffen. In allebei de gevallen kan het dus gaan om iemand van 34, maar de koopintentie is volledig anders.

doel
groep
selectie

Guido Gihaux
primaire persona

Baan: Eigenaar Samenwijnproeven
Leeftijd: 35
Locatie: Amsterdam
Opleiding: HBO
Gezinssituatie: Samenwonend

Over Guido

Guido is 35 jaar oud, spendeert zijn vrijetijd op de tennisbaan, houdt van koken. Zijn vakanties zijn kort maar krachtig, net als zijn werkende dagen. 24 uur per dag is te weinig. Kon er maar meer in zitten. Hij houdt van wijntjes proeven en probeert zijn smaak vorm te geven.
Is een functionele websurfer die recht op zijn doel af gaat. Zijn informatie komt bij Zoekmachines en RSS feeds vandaan. Zijn iPhone geeft hem op de voor hem relevante momenten de juiste informatie.
Hij is snel afgeleid en valt voor eenvoudige en verbeeldende websites.

Storytelling

Voor het eerst kwam ik met Storytelling in aanraking, toen in 2007 Frank Janssen via Frankwatching erover begon te schrijven. Het idee dat je het verhaal vertelt achter je organisatie is meer een manier van communiceren, maar wel een hele duidelijke en pakkende. Storytelling geeft visueel aan wat voor product je biedt en juist op een verklaarbare manier, zodat duidelijk wordt in welke situaties je het product zou kunnen gebruiken. Het legt namelijk uit welke oplossing je biedt voor praktijksituaties waarin de lezer zich in kan vinden.

Storytelling is ook een mooie oefening om te gebruiken als salespitch. Waarom zou je als bedrijf de meest voor de hand liggende onderneming zijn. Het verhaal achter het bedrijf geeft ook meer een plaatje mee om ontwerpvraagstukken op te lossen of om een bepaalde structuur op de site of binnen de verschillende Connected devices te leggen. Hoewel Storytelling met name vaak gebruikt wordt op de achtergrond, kan het ook prima werken als storyboard voor bijvoorbeeld een reclamecampagne. Je kunt prima aan activatie doen door uit te leggen waarom bezoekers naar je kanalen toe moeten gaan. Welk probleem los je op, waarom spreekt het een bepaalde klant aan en in welke situaties komt het probleem voor. Belangrijker: hoe gelukkig voelt een klant zich wanneer het probleem is opgelost.

De concurrentie

Er zijn verschillende soorten concurrenten. En op de een of andere manier is ieder bedrijf in zijn doen en laten uniek. Of het nu ligt aan het personeel wat er werkzaam is, of aan de storyline die verteld wordt, of het productaanbod, de samenstelling, de prijs, de personalisering, de kwaliteit of de service. En toch zijn er concurrenten die direct of indirect potentiële klanten van je kunnen afsnoepen.

Vul maar een term in van producten of diensten waarop jij gevonden zou willen worden. Kijk hoeveel zoekresultaten er zijn en kijk naar de directe concurrenten die al dan niet betaald adverteren om beter uit te komen in de zoekresultaten.

Prima om samen in de zoekresultaten naar boven te komen, en toch ben jij als organisatie uniek. Wat maakt het jou uniek en lang welke lat wil je vergeleken worden. Wanneer je bijvoorbeeld op prijs vergeleken wordt, dan zijn er genoeg prijsvergelijkers op de markt zodat je langs die as gemeten kan worden. Wordt dat op basis van een stukje service gedaan, dan is het al wat ondoorzichtiger om te vergelijken. De as waarlangs je de vergelijking doet is vaak de meetlat waar de consument het meest baat bij heeft. Zo worden touroperators vaak met elkaar vergeleken op prijs. De reden is heel simpel: de consument kijkt in de reissector nu eenmaal primair naar de prijs van hun vakantie.

Customer Activity Cycle (CAC)

Een van de mooiste begrippen van afgelopen jaar. Bedoeld om het aankoopproces op een tijdslijn te plotten en de verschillende fasen in dat proces te onderscheiden. Waarom vraag je je af? Omdat je de klant wilt begrijpen, omdat je wilt voelen welke stappen hij doormaakt. Neem bijvoorbeeld het vakantieproces. Consumenten beginnen zich te oriënteren op een reis. Of het nu op basis van verhalen van vrienden is, of dat er online flink wat afgezocht wordt naar mooie bestemmingen. Wil niet altijd zeggen dat direct na het oriënteren gekocht wordt. Soms zit er wel maanden tussen van bedenktijd of omdat je het even wilt laten rusten. Bovendien wordt er niet alleen naar jouw website gekeken, maar ook naar die van anderen. Om te begrijpen hoe de klant jouw website gebruikt is het gebruik van de Customer Activity Cycle prima om dit van tevoren in kaart te brengen. Voordeel is dat je jouw app of website hierop kunt inrichten. Een heel simpel voorbeeld hiervan is je menustructuur. Zo kun je menutab 1 gebruiken om je bezoekers te inspireren, menutab 2 om ze te laten oriënteren, menutab 3 om te kunnen boeken en de laatste tab kan ingestoken worden als service onderdeel.

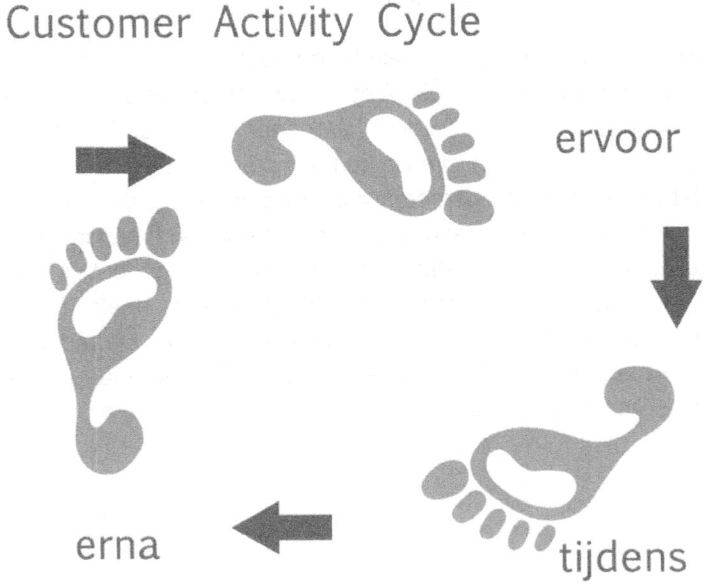

Customer Touchpoints

Hoe komt de consument in aanraking met je bedrijf. Er zijn veel verschillende contactmomenten denkbaar en voor je gevoel is dat niet altijd is dat even logisch. Wanneer je sessie van bezoekers soms naspeelt en je vergelijkt het met de looproute binnen een Albert Hein of C1000, dan kun je daar af en toe geen pijl op trekken. Iemand gaat van de vleeswaren afdeling naar de emballage, naar de frisdranken, om toch maar weer terug te gaan naar de groente afdeling, drie keer een schappenrek langsloopt om te kijken of de koffie toch niet bij de boter staat en uiteindelijk via de frisdranken (voor de vierde keer) naar de kaasafdeling loopt om tenslotte bij de kassa nog wat extra snoep mee te pakken. Online is dat niet anders. Sterker nog, een bezoeker kan even de Albert Hein binnenlopen, vervolgens bij de C1000 wat vergelijkbaars bekijken en dan uiteindelijk in de LIDL iets aanschaffen.

Heb niet de illusie dat een bezoeker op je website komt en direct iets koopt. Bovendien worden in een aantal gevallen ook andere distributiekanalen gebruikt. Sommige producten moeten even vastgehouden worden of er moet wat worden uitgezocht (denk bv aan hypotheken) of iemand heeft toch nog even een vraagje voor het Call center. Iemand kan ook een berichtje tegenkomen in de krant, op de radio wat horen, een DM mailing thuis ontvangen, een billboard langs de weg zien of met een online bannercampagne in aanraking komen.

Zijn al deze ervaringen positief, of zijn er enkele mogelijk negatief. Sluiten ze naadloos op elkaar aan of leest je bezoeker dat je "Korting" hebt in de huis-aan-huis folder terwijl je op internet over "Sale" praat. Verplaats je daarom zo nu en dan in de rol van consument en probeer te ervaren hoe het contact overkomt en waar mogelijk leemtes zitten. Zet deze ervaringen op een denkbeeldige chronologische tijdslijn en vraag jezelf af hoe dat proces doorlopen wordt. Kun je eventueel verschillende contactmomenten combineren, zijn negatieve ervaringen om te buigen naar positieve ervaringen. Kun je refereren van de brief naar internet en is het daar dan ook wel te vinden.

Is je bedrijfsvisie dat je voor gemak of service staat wel goed doorvertaald naar je kanalen en media? Of zijn de brieven die je stuurt onbegrijpelijk lang, vol met vakjargon en heb je complexiteit niet goed uitgelegd.

Wat in deze exercitie de crux is, is dat je je moet verplaatsen in de consument. Uiteraard zijn er allerlei redenen voor dat de dingen zo lopen als dat ze lopen, maar daar heeft de consument niets aan. Het is al goed om knelpunten te kunnen definiëren en te arresteren als een te ondernemen oplossing.

Doordat deze Customer Journey in kaart gebracht wordt, kun je de meest voorkomende looproutes gaan onderkennen en hierop acteren.

Hoofdstuk 2 - Social media

"Yes, but we already have a social media strategy"

Wat is Social Media wordt mij veel gevraagd. Nee, dit gaat niet over de marketing mix waarmee we onze producten en diensten over de bühne brengen. Dit gaat over de manier WAAROP we het doen. Vertel je een verhaal over je merk, of biedt je jouw klanten de mogelijkheid om hun verhaal te vertellen?

Wat is Social media

Tja, lastig uit te leggen. Maar in kernwoorden: sociale aspect = dialoog = **communicatiesociaal** = de klant bepaalt de toegevoegde waarde. Wij bepalen niet meer de producten, dat bepalen de consumenten we moeten luisteren naar wat ze zeggen tegen je, naar wat ze zeggen in de media. Het wordt steeds toegankelijker om te luisteren. Luisteren kunnen we nu al. Het is een vorm van marktonderzoek doen en het kan helpen de juiste service te bieden.

Social Media is meer dan alleen Google+. Twitter of Facebook. Het is de dialoog die we met onze klanten aan moeten gaan, onze bedrijfsvoering is niet meer van bedrijf naar consument, maar van consument naar bedrijf. Het is een kwestie van gunnen, de klanten moeten ons onze diensten gunnen dus om onze producten te slijten of onze toegevoegde waarde te verkopen, moeten we luisteren naar de klanten. De huidige middelen maakt het eenvoudiger voor consumenten om hun mening te geven, berichten te plaatsen, samen te werken en makkelijker te klagen of vragen te stellen. Het plaatsen van je mening is een appeltje eitje. Maar als 1 iemand dat kan doen, denk dan eens aan de schaalgrootte in Nederland

Internet wordt sociaal, internet kent een sociaal component. Dus dat betekent dat we moeten laten zien wat onze toegevoegde waarde is. Net als vroeger, we moeten vertellen wat onze vier P's zijn, onze vijf C's of hoe je het ook in marketingtermen wilt noemen. We moeten service bieden, we moeten de klant niet afzeiken, opschepen met een onecht antwoord.

Het internet maakt het mogelijk om ook vanuit de organisatie breder je diensten te vertellen. Niet alleen maar vanuit je corporate website, of vanuit persdienst of klantcommunicatie. Nee, ***iedereen is een accidental spokesman***. Iedereen is de specialist op zijn vakgebied. We moeten dus vertrouwen hebben dat een 2e lijns helpdesk open op het net zijn diensten kan uitleggen, vragen kan beantwoorden en kan meedenken in termen van service verlenen. Het internet is niet meer voor Nerds, maar van ons allemaal, internet is sociaal, interactief.

Internet stopt niet bij je eigen website, je campagnes, je onderzoeken, "it's out there", hoeveel informatie kunnen we niet inwinnen van wat er online gezegd, bekritiseerd, gevraagd, aangeboden, geüpload wordt.

We hebben het over **sociaal kapitaal** dat we misschien op de bedrijfsbalans moeten plaatsen, ik noem het ook wel ***klantaandeel*** (ipv marktaandeel). Waarom? Klanten zijn gestopt met luisteren naar organisaties, maar luisteren naar elkaar, dat betekent dat we in gesprek moeten gaan met onze klanten, zorgen dat er over ons gesproken wordt. Immers, een klant neemt eerder iets aan van een vriend dan van een bedrijf dat betekent dat we allemaal de conversatie aan moeten gaan. We moeten gaan proberen te kijken waar de online feestjes plaatsvinden en kijken of we wellicht mee mogen praten op de feestjes of eventueel zelfs gastheer mogen spelen. Dat betekent dat we moeten zorgen dat we followers, fans en vrienden krijgen. Wat willen we uitlokken? Simpel, de vraag gesteld krijgen "wil jij mijn vriend op Facebook worden?".

Een vriend op papier zegt niet zo veel, wat zijn de voordelen voor vrienden, wat voor extra's doe je voor je vrienden. Praten we dezelfde taal. Pas dan zijn we connected, pas dan hebben we verbonden klanten. Als we niet weten dat klanten het hebben over rijopleidingen en wij praten nog steeds over test en trainingscentrum, dan ontbreekt de match. Social media is de raison d'etre, We moeten onze waarden verkopen, oplossingen bieden en geen producten.

Brand ambassadors

"Brand ambassadors" kun je vergelijken met mensen die enthousiast zijn over je product of merk. Hoe mooi is het als iemand vol trots over zijn zojuist gekochte Batavus fiets vertelt. Met een grote grijns vertelt hij je over de hoeveelheid versnellingen en de accessoires die hij erbij gekocht heeft. Het enthousiasme en passie gaat over een stukje merkbeleving die deze persoon heeft. Concreet betekent dit dus mensen vinden die blij zijn over jouw product en weten wat ze erover vertellen. "Mond-tot-mond" reclame noemden we dit voorheen ook, terwijl we het nu online meetbaar hebben. Gebruik je sociale kanalen om dit sentiment te meten.

Brand ambassadors bouwen bruggen

Sentiment analyse

Hoe worden je diensten gewaardeerd op het web. Zijn bezoekers overwegend content of vegen ze de baan met je aan? Gebruik de tendens om er iets uit te halen. Maak daarom een sentiment analyse op wat er over je product gezegd en geschreven wordt. Er zijn tools op het web te vinden die dit automatisch voor je kunnen traceren. Helemaal automatisch kan dat natuurlijk niet. Een woord "goed" kan zowel positief als negatief ingekleurd worden. Zo kun je de service van het bedrijf "er goed naast vinden", terwijl een productbeoordeling met "goed" toch een hele andere betekenis heeft.

Een sentiment analyse kun je het beste in perspectief zetten. Bijvoorbeeld ten opzichte van welke concurrent wordt er positief over je gesproken. Wordt er over het algemeen negatief gesproken over kabelaars of telefonie bedrijven, dan wil dat nog niet zeggen dat het goed of verkeerd is. Scoor je onder de benchmark, dan heb je een veel beter sturingsmiddel ter beschikking, en kun je het in zijn perspectief plaatsen.

Een ander perspectief kan bijvoorbeeld tijdsverloop (moment A versus moment B) zijn, of vóór of na een product introductie, campagne, gebeurtenis, of opkomst van een concurrent. Zie hieronder een voorbeeld van een sentimentanalyse:

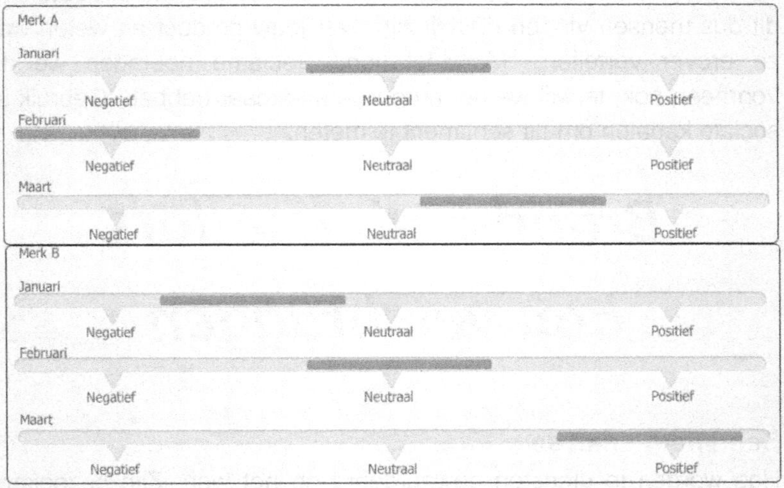

Het belang van Reviews

Geen spannende functionaliteit voor op je website of je app. Vooral een functionaliteit die onderschat wordt; de review. Waarom is deze belangrijk. Heel simpel. Het geeft bezoekers inspiratie over je product.

Reviews zijn authentiek. Het geeft een menselijk karakter van wat er over je gezegd wordt.

Vaak zijn reviews uitstekende content bronnen. De content is uniek, gebaseerd vanuit iemands ervaring en meestal niet te lang. De laatste paar jaar zie je ook de mogelijkheid om reviews te categoriseren. Belangrijkste reden is dat je deze dan persoonlijk relevant kunt maken. Goed voorbeeld zijn de reviews van Booking.com. Sommige hotels zijn relevant voor koppels, voor families met kinderen, of juist periode gebonden. Bij Zoover of Tripadvisor is de categorisering van reviews juist een reden om te kunnen ordenen.

Social Media Monitoring Tools (SMM tool)

Wat wordt er nu over je gezegd? Wordt er überhaupt wel over je gesproken. Of is het muis en muisstil? Je kunt natuurlijk even Googlen en monitoren wat er terugkomt, of in Google “realtime” zoeken om te kijken wat er op dit moment gezegd wordt. Google optimaliseert zijn diensten door verschillende criteria aan zoekopdrachten te geven. Hiermee is Google wel een aardige gratis tool om te kijken wat er op de sociale kanalen over je gezegd en geschreven wordt. Nadeel hiervan is dat Google (nog) geen sentiment aan toe kent. Zo is twitter.com of Tweetdeck een andere gratis tool waarmee je op “hasttags” (#) kunt zoeken wat er gezegd wordt.

Hou bij het uitzoeken van de SMM tool rekening met de prijs, de functionaliteiten, de integratie van de verschillende netwerken, welke metrics worden meegenomen en hoe zijn ze gedefinieerd, hoe actueel is de data, vanuit welke verschillende kubussen kun je de informatie filteren en kun je rapportjes draaien. Kun je er een beetje een analyse op los laten, is het product webbased of is er ook een desktop client van beschikbaar, kun je er met meerdere mensen tegelijkertijd aan werken, is er een mobiele variant beschikbaar, kun je notificaties aan zetten.

Wat levert social media nu eigenlijk op. 2 boekingen per maand via Facebook, of een keer een transactie via een sociale site. Nu lachen we misschien om de ROI van Social Media en kennen we het gebruik van social media vooral toe aan branding of kostenreductie (dankzij afname van klachten spaar je geld, of dankzij Social Media monitoring kun je kosten besparen op de R&D afdeling).

Geolocaties

Dankzij Layar, Foursquare, Gowalla hebben locatiegebonden services een enorme vlucht genomen. Consumenten gebruiken het connected device wat voor hen het meest makkelijk uitkomt en wat ze voorhanden hebben. Als het dus om geolocaties gaat, dan is een PC of MAC niet het juiste scherm.

Location Based Services zijn een uitkomst om op een locatiegebonden manier een filter te bieden over de informatiehoeveelheid. Wat is er voor mij in de buurt waar ik op dit moment ben of waar ik naartoe wil gaan, iets interessants te vinden. Zo kun je bv als HEMA op mooie fotogenieke locaties een service aanbieden dat je de betreffende foto met korting bij een HEMA filiaal kunt laten ontwikkelen. De site werkspot.nl kan haar diensten locatiegebonden aanbieden door een app te lanceren waar je in jouw omgeving de beste klussers kunt vinden. Iets wat Marktplaats, de autodealer van Ford, Kruidvat, Albert Hein natuurlijk ook heel goed kan exploiteren.

Nieuwe ontwikkelingen

Ontwikkelingen gaan snel, heel snel. Je kunt continue op het net je kennis blijven absorberen, maar het is alsof je aan het drinken bent vanuit een brandspuit. Dagelijks zijn er zoveel nieuwe startups, bedrijven die nieuwe producten en diensten hebben ontwikkeld en een marktkraampje starten. Dat is het mooie van het vak, en tegelijkertijd ook de beperking. Doordat de ontwikkelingen maar door blijven gaan, is dat wat je vandaag ontwikkelt, morgen alweer achterhaald.

Ver vooruit plannen is niet iets waar je steeds maar weer mee bezig kunt zijn. Wees pragmatisch en kijk wat je morgen anders zou willen doen. Uiteraard met het oog op de toekomst, maar die is zo lastig te plannen, dat je geen vaststaande stip op de horizon kunt vastleggen. Hooguit een zwabberend stipje dat met wat bandbreedte van links naar rechts kan gaan.

Hoe destilleer je nu uit al die gegevens iets nuttigs en voor jou van toepassing. Geef je over aan het feit dat je niet alle wijsheid in pacht kunt hebben. Blijf vooral vanuit de klant denken. We noemen dit ook wel Service Design of User Centered Design. Wat heeft de klant aan deze ontwikkeling. En past het binnen het DNA van je activiteiten. Hou daarnaast voornamelijk de hoofdlijnen in de gaten en probeer je niet te verliezen in de details.

Appification van het web (#appnation)

De appification van het web geeft aan dat het web portable wordt. We nemen de informatie mee in een format waarbij het behapbaar is en beschikbaar is voor het device wat we op dat moment voorhanden hebben.

Toen Apple begon met de ontwikkeling van de appstore was er een nieuwe filter en marktplaats ontstaan om je producten en diensten aan de man te brengen. Het verschil met het fenomeen websites is dat deze appstore een nieuw verdienmodel in het leven bracht: betalen voor software. Angry Birds of Farmville zijn relatief voordelig met 0,99 cent, maar als je weet dat de verschillende varianten van het verslavingswekkende spelletje al 140 miljoen keer over de toonbank is gegaan, kun je wel zien dat apps toch wel redelijk winstgevend kunnen zijn. Ondanks de dertig procent marge die Apple hiervoor vraagt.

De appification betekent echter veel meer dan het verkopen van je producten via een ander format. Het is ook een andere manier van ontsluiten van je producten en diensten.

Wat het mooie is, is dat door de komst van zoveel verschillende kleine schermen, er keuzes gemaakt moeten worden in wat je wel en wat niet kunt displayen. Weloverwogen keuzes worden er gemaakt in functionaliteiten, vormgeving en productaanbod. Vooral het *gesture gestuurd ontwerpen* biedt mogelijkheden om vernuftig te navigeren. Wat voorheen alleen door het toetsenbord gedomineerd werd, wordt nu de aanraking met het scherm een nieuwe trend. Niet alleen de vingerwijzingen, maar ook gesproken interactie biedt veel nieuwe mogelijkheden.

Noot: een boek leent zich niet om trends te signaleren, omdat ze al snel achterhaald of gecombineerd zijn met andere ontwikkelingen. Op het moment dat iets bestempeld is als "trend" is het al achterhaald. Daarom een aantal ontwikkelingen die ook volgens Gartner zijn hypecycle belangrijk zijn om in de gaten te houden. Voor actuele trends, zijn er zoveel bronnen op internet te vinden, vandaar dat ik ze hier bewust buiten beschouwing laat.

Hoofdstuk 3 – Portable

De infrastructuur van het internet verandert razendsnel. De afgelopen tien jaar is het aantal gebruikers enorm gestegen en zijn we allemaal min of meer connected. We hebben kabels laten aanleggen voor razendsnelle internet diensten, van ooit een 52 kbps lijntje naar glasvezel kabel.

Aan de andere kant is de manier waarop we ons oriënteren drastisch veranderd. We hebben de stoffige zolderkamer met PC in de hoek verruild voor een lekker makkelijk handelbaar tablet pc of netbookje voor op de bank waarmee we social streamen tijdens een uitzending van GTST.

Diensten als Facebook, Google+, Gowalla en LinkedIN zijn een hub geworden voor onze leven op het internet. We produceren als een malle content en gooien alle videootjes, films en wat we te zeggen hebben op het net. Naast wat we zelf zeggen, papegaaien we ook nog heel veel andere content verschaffers na en hebben tot slot ook nog een mening en een online gesprek over de content van een ander. De informatie wordt door de sociale connecties naar ons toegezonden door de bronnen die we vertrouwen (vrienden, collega's, inspirators) of we gaan er zelf actief naar op zoek.

Het traditionele zoeken naar informatie is er steeds meer van af.

Informatie komt naar ons toe. En om te voorkomen dat we overloaded worden met deze info, zetten we filters aan. We willen het persoonlijk relevant maken, interessant voor onszelf en op onze gedragingen of wensen afgestemd.

Of dit nu vanuit RSS feeds, social streams, nieuwsbrieven, likes, retweets gebeurt; het paradigma van informatie zoeken is er wel een beetje van af.

Met dit in gedachte is het wezenlijk om ons internet landschap nog eens goed te overdenken. Hoe komt de informatie op ons af, hoe moeten we onze producten en diensten ontwerpen zodat het "likeable" is, of retweet waardig, of dat mensen een nieuwsbrief abonnement nemen op onze feed, of regelmatig op onze website komen om te kijken of we nog leuke handel hebben. Dat brengt ons weer terug bij het begin: wat is je toegevoegde waarde. Mooi, dat de cirkel rond is...

Content moet dus portable zijn. Hoe ziet het eruit op een ander scherm, in een andere context en is het überhaupt wel leesbaar. Is content houdbaar, of is de houdbaarheid voor een bepaalde service niet nodig en kun je als bezoeker de content wijzigen.

Synchroniseren met je klant

We zouden het liefst de hele dag mee willen lopen met onze bezoekers en over de schouder meekijken wat hij of zij allemaal doet. We hebben soms het gevoel dat we alles weten of in ieder geval "denken" te weten wat de bezoeker wilt. Het zou mooi zijn als we de bezoeker helpen herinneren waar hij twee maanden geleden naar gezocht heeft en ook een paar suggesties aanbieden. Dit over de schouder meekijken doen we uiteraard vanuit een ideaalbeeld wat we hebben voor onze bezoekers. Dit kan als belemmerend worden ervaren of als een soort big brother is watching you principe over komen.

Biedt hierbij als oplossing om transparantie te bieden aan je bezoeker. Vertel wat je allemaal weet. Niet bij de eerste klik, maar wel wanneer iemand bijvoorbeeld inlogt, of voor een tweede keer je site bezoekt. Vertel gewoon wat je van hem weet en licht ook vooral toe waarom je dingen weet. Wat ga je ermee doen, hoe ga je de klant hiermee helpen. Biedt altijd het alternatief aan om niets aan gegevens te verzamelen. Sommige bezoekers zijn erg gehecht aan hun privacy en dat is hun goed recht. Biedt daarom altijd een uitweg door met een simpele button een opt-out te faciliteren. Daarnaast kun je ook aan de klant aanbieden om sommige activiteiten niet meer te gaan opslaan.

> *Geef vooral het gevoel dat de bezoeker in control is en dat hij te allen tijde de macht heeft over zijn gegevens.*

Consistentie

Consistentie van je content is iets waar je goed over na moet denken. Beeld je eens in dat de lezer van jouw content vanaf heel andere devices jouw content leest, dan waar jij het voor schrijft. We moeten daarom streven naar consistentie in de beleving en niet zozeer alleen in het design. In essentie is dit niet iets nieuws. Concreet betekent dat je een verhaal op verschillende manieren kunt en zou moeten vertellen.

Een verhaal voor een nieuwszender vertel je met filmbeelden en wat ondertitels, terwijl hetzelfde verhaal voor de krant met een grote zwart wit foto en lappen tekst geschreven wordt en voor het ANP je alleen de headline wilt weergeven. Met de komst van de verschillende devices wordt de variëteit van de content enorm uitgebreid. Jouw verhaal in een blog is toch heel anders dan als je het leest vanuit een RSS reader of een Twitter bericht of wanneer je het op Youtube plaatst. Denk je daarom in wat de beste methode is om je content te verpakken, hoe mensen het zullen gaan lezen/bekijken danwel tot zich nemen.

Hetzelfde verhaal alleen in ander jasje. Dat heeft niet alleen te maken met het ontwerp van het format, het design, maar ook door je in te denken waar de lezer zich bevindt. Misschien worden berichten wel vanuit de auto gelezen, of op het strand, of onderweg met het openbaar vervoer. Hoe komt men tot die informatie, hoe navigeert hij ernaar toe. Een mashup of RSS-feed via bv Flipboard stel je in, terwijl je op een app voor de iPad toch echt heel anders moet nadenken over de navigatie en interactie.

Een paar vuistregels die handig zijn. Je content moet:

- ✓ *beschikbaar zijn in alle verschillende vormen (beeld, geluid, kort, lang)*
- ✓ *overal actueel zijn; werk vanuit 1 bron*
- ✓ *navigeerbaar zijn en de navigatie en interactie moet zich aanpassen aan het device wat je in handen hebt of vanwaar je het tot je neemt*
- ✓ *afgestemd zijn op de omgeving waar de lezer zich op dat moment bevindt*

Hoe maak je content nu portable. Door het simpel te houden. Bedenk je dat wanneer je de traditionele website in een kleiner scherm wilt weergeven, je elementen moet weglaten. Klinkt vanzelfsprekend, maar juist door de beperking moeten er keuzes gemaakt worden. Bewuste keuzes. Wat is belangrijk en wat is wanneer relevant. Hiermee ga je terug naar de essentie van je product of dienst.

Een fijne exercitie is het om te kijken wat je op de traditionele website kunt weglaten. Eenvoud maakt het overzichtelijker. In de afgelopen jaren hebben we de traditionele website alleen maar doorontwikkeld en in concreto betekent dat we alleen maar functionaliteiten hebben toegevoegd. Maar wat nu als we weer zouden moeten kiezen. We gaan het gewoon weer simpeler en eenvoudiger maken voor de bezoeker. Hoe fijn is dat dan.

Kijk naar je eigen website en bedenk dan: hoe breng ik hem terug naar de eenvoud, naar de essentie. Wat is nu echt belangrijk. Identificeer de key gedragingen en kritische paden. Kun je destilleren welke highways er worden gewandeld door je bezoekers.

Hoofdstuk 4 - Informatie hiërarchie

Het structureren van je content is belangrijk voor de leesbaarheid en scanbaarheid. Kijk eens naar onderstaande website.

Niets is zo vervelend als niet weten waar je moet beginnen en wat er van je verwacht wordt op de pagina. Een structuur helpt je daarbij. Structuur waar het hier nu over gaat is de informatie hiërarchie. Structuur kan namelijk ook bestaan uit de grid of pattern van je website, of bestaat uit de visuele hiërarchie.

Om ons even te focussen op de informatie hiërarchie begin je bij de site structuur. Heel 1.0 is de sitemap, maar vaak niet eens zo verkeerd om over na te denken. Wat verwacht je in het grotere geheel wat er gedaan moet worden op de website en welke loketten (menu items) kom je daarbij mogelijk tegen.

Ik zeg bewust dat de sitemap een ouderwets ding is omdat we met faceted search of single page navigation (zie elders in het boek), elementen van een pagina dynamisch worden opgebouwd. Dat wil zeggen dat er dus dynamische pagina's zijn die vanuit selectiecriteria worden samengesteld.

De sitemap is een vertaling van het verhaal wat je wilt vertellen (zoals gezegd ook wel storytelling genoemd). Wat wil je de bezoeker meegeven en hoe dwing je op een natuurlijke manier af een weg te volgen die vanuit zowel bedrijfsperspectief (omzet of informatie doelen) als bezoekersperspectief (ik wil wat hebben van je) optimaal gevolgd kan worden. Het is goed om af en toe wat afstand te nemen van de structuur en hem opnieuw te valideren. Wat zijn primaire processen en wat is secundair van belang. Is het wel zo belangrijk om privacy voorwaarden prominent weer te geven. Nee, een beetje respectabele organisatie heeft dit op orde en daar zou je naar kunnen refereren, maar is niet je primaire informatie.

Om informatie hiërarchie goed toe te kunnen passen zou je de meest gebruikte user journeys in kaart moeten brengen. Maak een heldere looproute die iemand op je site of connected device moet afleggen en begin met de top-level informatie. Dat houdt in dat je vanuit deze categorieën door gaat naar verdere detaillering. Deze drill-down van functionaliteiten kun je het beste maken als je op hoofdlijnen de user journeys hebt getekend.

Begin bij het begin. De beste voorbeelden zijn de mobiele websites of applicaties bedoeld voor mobiele devices. In het voorbeeld van LinkedIN zie je dat er gekozen is voor een aantal hoofdgroepen. Met deze indeling maakt LinkedIN zich nuttig door als sociaal kanaal te fungeren op zakelijk gebied. Hun rode draad, user journey bestaat uit het in contact komen, onderhouden en uitnutten van de zakelijke contacten. Waarbij stap 1 het in contact komen vergemakkelijkt wordt door mensen uit je netwerk uit te nodigen, verbroken contacten te herbevestigen, of ter plekke een digitaal visitekaartje uit te wisselen. Stap 2 het onderhouden van de contacten door te weten waar iedereen mee bezig is (updates), of waar de markt mee bezig is (news) of wat er in bredere zin (buzz) gebeurd of persoonlijke berichtgeving (inbox). Stap 3 is het gebruiken van deze contacten. Hier heeft LinkedIN niet voor gekozen om dat op de journey van een mobile device te plaatsen, maar te faciliteren vanuit de website. Daar kun je je profiel aanpassen, jobs zoeken, bedrijven volgen, contacten onderhouden,etc. Een bewuste keuze om niet al deze functionaliteiten op de mobiele website te plaatsen.

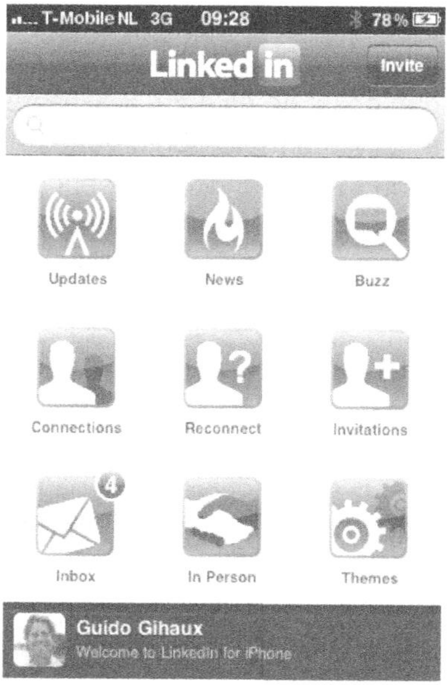

Opbouw van je content. De informatie hiërarchie op een pagina zelf bestaat uit de introductie tekst, het verhaal, de tags, de samenvatting, de beelden en video vertaling, de backlink en de commentaren/reacties op het bericht. Dat is wanneer het een artikel betreft, maar wat nou als we niet alleen maar een informatieportal zijn en ook producten verkopen. Hoe ziet de informatie hiërarchie er dan uit. Kijk eens naar een willekeurige webwinkel als Bol.com, Neckermann Reizen, Bijenkorf. Welke productgroepen heb je in de verkoop, hoe zet je een product in de etalage, welke omschrijving geef je aan het product, op welke zoekwoorden laat je een product terugkomen. Hier gaat veel meer de visuele hiërarchie opspelen, dan enkel de categorieën waarbinnen je de producten plaatst. Speel met witruimtes, fontgroottes, lettertypes. Wanneer toon je alle informatie, wanneer beperk je de informatie en wanneer toon je alles. Wees je ervan bewust over hoeveel foto's je gelijk wilt tonen, hoe je om gaat met de "lees meer" functie, of met tabbladen.

Laadtijd

Wat is de laadtijd van je pagina of element/applicatie op je pagina. Oude statistieken van Amazon leren ons dat iedere seconde langzamere laadtijd resulteert in een procent lagere conversie. Schrikbarende hoeveelheid verlies. In hoeverre deze informatie nog actueel is, of moet worden bijgesteld doet niets af aan het feit dat laadtijd wel degelijk invloed heeft op de conversie. Wanneer een bezoeker moet wachten totdat een pagina is geladen, is niets makkelijker dan de pagina of app weg te klikken en naar de concurrent te surfen.

Backfills

Wanneer je Flash of flashy elementen gebruikt of elementen die niet op oudere browsers of devices beschikbaar zijn, heb je een alternatief nodig. Dit wordt de backfill genoemd. Wat wordt er getoond op het moment dat ik een afbeelding op mijn iPad niet kan bekijken omdat het een Flash product is. Is er een afbeelding beschikbaar? Of wanneer een nieuwsbrief niet in HTML getoond wordt, is er een tekstversie beschikbaar. Of in ieder geval een verwijzing naar de website waar wel het volledige bericht te vinden is. Hetzelfde geldt voor ALT-tags. Hebben afbeeldingen de juiste alternatieve teksten.

Hoofdstuk 5 - Visuele hiërarchie

Ter ondersteuning van de leesbaarheid van je website, of het gebruiksgemak, is een visuele ordening essentieel. Ik ben geen designer, maar heb de luxe met een paar hele goede te mogen samenwerken.

De toolbox die je tot je beschikking hebt is ondermeer de volgende:

spelen met grootte
dominantie, proporties
uitlijning en balans
kleurgebruik
contrasten
groepering
herhaling
(wit)ruimtes en spatiering
Stramien en grid
Stijlen en templates
typografie

Spelen met groottes

Lezen van teksten is niet meer recht-toe-recht-aan. Bezoekers scannen je website of app. Het spelen met verschillende lettertypes en fontgroottes, maakt lezen leuker. Het zijn niet alleen fontgroottes waarmee je kunt spelen, maar ook beeldgroottes. Een groter beeld of tekstregel kan de aandacht naar zich toe trekken, of afleiden van een ander gedeelte. Grootte gebruiken als visuele hiërarchie tool is een effectieve manier om bezoekers te begeleiden naar de informatie en mogelijk de call-to-action. Onze ogen hebben de natuurlijke neiging om iets van groot naar klein te lezen. Net zoals bij de oogarts. Het is wat meer gebruikelijk aan het worden dat de laatste paar jaar dit spelen wat meer wordt toegepast. Bekijk het verschil maar eens en ervaar wat het met de leesbaarheid doet.

Lorem ipsum dolor sit amet
Lorem ipsum dolor sit amet, consectetur adipiscing elit. Vestibulum bibendum orci sit amet lacus fermentum sit amet porta ligula pellentesque. Nunc sed massa felis. Nam ut mi eu lectus venenatis malesuada at ac urna. Quisque a sapien ut leo cursus accumsan. Aliquam sagittis risus hendrerit augue sodales ultricies et a arcu. Vestibulum facilisis lectus vitae eros vehicula vel ornare felis egestas. Proin est ante, fermentum sit amet adipiscing quis, ultrices id velit.Guido Gihaux Quisque ac dictum ligula. Duis et erat sit amet lacus faucibus . Curabitur lorem sem, interdum eget dignissim ac, tristique et massa. Aliquam erat volutpat Vestibulum ornare libero sit amet turpis molestie vitae pulvinar sapien volutpat .

vs

Lorem ipsum dolor sit amet
Nam ut suscipit quam. Proin erat sapien, porttitor et dignissim et, vulputate in nisi. Phasellus semper malesuada augue, vitae venenatis sapien rhoncus non. Nullam tempus mi sed magna rhoncus elementum sed id metus. Ut pulvinar vulputate ipsum vel malesuada.

Lorem ipsum dolor sit amet
Pellentesque commodo magna ut velit malesuada sollicitudin. Suspendisse elit diam, tempor id blandit et, consequat et sem. Ut vehicula, ipsum tempus pharetra luctus, nisi urna egestas diam, id rhoncus lacus felis interdum odio. Morbi consectetur erat ac nunc luctus sit amet dapibus eros interdum. Morbi ac tellus vitae nunc mollis auctor nec eu magna.

Class aptent taciti sociosqu
Class aptent taciti sociosqu ad litora torquent per conubia nostra, per inceptos himenaeos. Donec nunc elit, bibendum sit amet vehicula id, suscipit at lectus. Donec quis nibh erat. Duis consequat rutrum diam, sit amet varius erat fringilla sed. Duis lacinia sodales sapien,

Dominantie en proporties

Hierbij geven we aan waar de nadruk ligt van het design. Dat kan doordat de compositie van een onderdeel zo nadrukkelijk de aandacht geeft, dat andere elementen ondersneeuwen en niet meer opvallen. Dominantie kan worden veroorzaakt door kleurgebruik, grootte, maar ook door het lijnenspel. Met eyetracking onderzoek kom je vaak een heel eind doordat je ziet waar de ogen op vallen. Je ziet hoe de verschillende elementen op een pagina samen spelen en hoe de verhoudingen ertussen liggen. Zo worden er op sommige websites hele drukke achtergronden met enorm wilde patronen gebruikt. Als patroon en achtergrond misschien heel erg mooi, maar in het geheel leidt het af van de producten die je primair plaatst. De proporties geven de verhoudingen weer tussen de verschillende objecten. Wanneer je een hele grote aanbiedingen-sticker hebt en een hele kleine "koop nu" button, dan kun je er vanuit gaan dat de bestel of koop button buiten proportie ligt. Uiteraard hangt dit helemaal af van de doel van je website en kun je ook er bewust voor te kiezen de nadruk te leggen op een aantal USP's en niet primair op de verkoop van producten.

Uitlijning en balans

Het lijnenspel wat vaak wordt bepaald door het grid, zorgt voor een juiste balans op een website. Zo zijn er verschillende grids denkbaar. Ontwerp je liever vanuit een 3 koloms, 4 koloms of 12 koloms website. Maak er een bewuste keuze van om elementen te centreren of juist links uit te lijnen. Maak een content kolom waar je altijd je content in plaatst en een kolom waarin je met name gerelateerde producten in toont. Maak een keuze in asymetrie, horizontale balans, radiale symetrie of werk in bewuste vlakken.

Gebruik hiervoor ook de internet conventies die ervoor zorgen dat de bezoeker niet hoeft te zoeken naar elementen, maar dat hij herkent waar standaard dit soort elementen of functionaliteiten staan. Zo staat een logo 99% van de keren aan de linker bovenkant. En is een bestelbutton vaak aan de rechter onderkant te vinden van een product, zijn shopping carts rechtsboven te vinden, net als het inloggen of aanmelden.

Uitlijning zorgt voor rust op je website en helpt de bezoeker zijn weg te vinden. Zie hieronder Zappos, dat blokken creert en focus aanbrengt op het middenstuk. Mooi is dat onderin de call to action gevraagd wordt. De bezoeker weet precies wat hij moet doen.

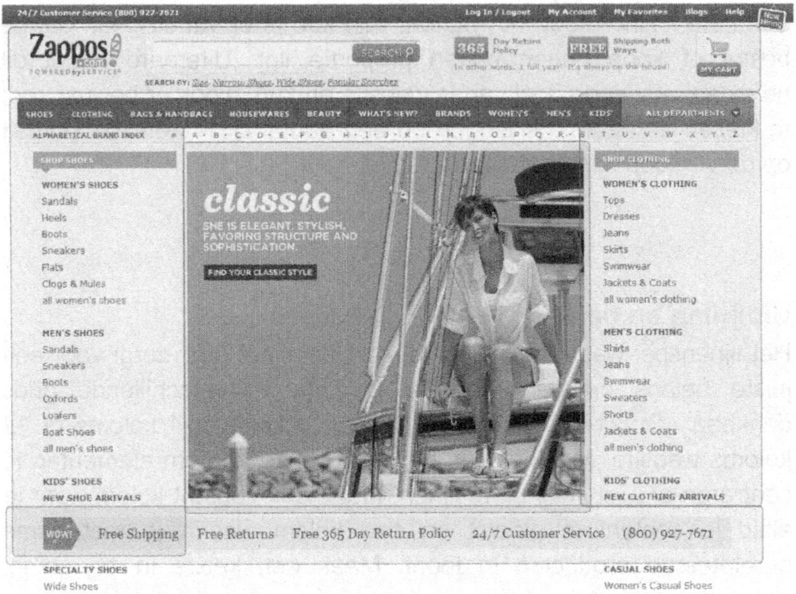

Wanneer je fotografie gebruikt in een website en daar staan mensen op, laat ze niet het beeld uitkijken. Je oog gaat automatisch naar het stuk buiten de website. Spiegel een beeld zodat de persoon juist binnen de website blijft kijken (let wel even op de bedrukking of logo's, dat gespiegeld geschreven kan staan).

Een ander voorbeeld is het gebruik van formulieren. Best practises van formulieren of acties de je de gebruiker vraagt te doen, is om dit op een zo eenvoudig mogelijke manier te laten verrichten. Bekijk onderstaand voorbeeld. De linkervariant biedt het meeste overzicht ten opzichte van de rechter variant.

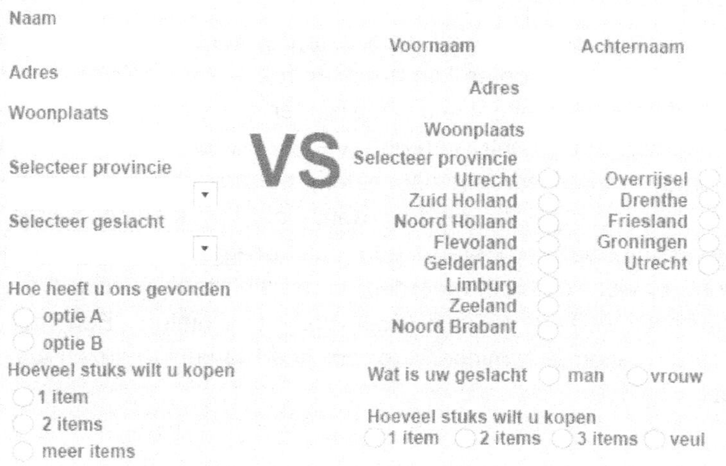

Kleurgebruik

Een van de lastigste stijlelementen zijn kleuren. Waarom; omdat deze persoonlijk zijn. Wat voor een persoon als Rob rood een vurige kleur betekent, wordt de andere persoon Rolf hier helemaal niet koud of warm van. En toch zijn kleuren niet alleen ondersteunend voor het verhaal wat je wilt vertellen, maar geven ook standaard signalen af. Bij de ANWB wordt voor de Kampeerportal duidelijk gekozen voor een bepaalde kleur “kampeer groen”. Terwijl voor de wintersport portal een hardere blauw is gebruikt. De kleuren geven de sfeer aan en de kleur groen wordt heel erg geassocieerd met kamperen, met gras, met vriendelijkheid en ontspannen sfeer. Kleurtinten kunnen elkaar ondersteunen en hardere kleuren benadrukken een element vaak. Zo staat rood voor iets fouts, iets verkeerds. Daarom zijn foutmeldingen vaak in het rood geschreven. Bedenkt een gebruiker een veel te kort password voor zijn profiel, dan waarschuwen we hem met rood indien het password niet veilig genoeg is en maken we hem oranje als we hem willen attenderen op het feit dat een password toch beter wat langer kan zijn.

Contrasten

Een belangrijk element voor balans is het contrast. Een donkere achtergrond van de footer, kan net even het onderscheid maken dat dit betreffende gedeelte van de pagina een ander doel nastreeft. Je kunt werken met contrasterende kleuren, met kleurvlakken die elementen van elkaar onderscheiden, of met blokken of kaders zodat elementen gegroepeerd worden. Door met kleurcontrasten te werken kun je aandacht sturen en focus verleggen. Maak het niet al te bont, of werk niet met meerdere contrasten tegelijkertijd. Dit kan verwarrend werken en zijn doel voorbij schieten. Een aantal contrasten lenen zich minder voor om goed te kunnen lezen wat er staat.

Groepering

Een website bestaat niet uit 40 losse elementen. Door visueel elementen te groeperen en bij elkaar te plaatsen, zorg je ervoor dat er wat meer focus op de website gebracht wordt. Het dwingt ook om de groepen als een geheel te zien en brengt eenvoud in de website terug.

Zo zijn er verschillende manieren om te groeperen. Zo kun je met kaders werken of elementen dicht bij elkaar plaatsen, of door met kleurvlakken te gaan werken. Op Facebook is de rechterkant bedoeld om je te informeren over mogelijk interessante content. De linkerkant is er om je te helpen navigeren, terwijl de Wall in het midden is samengesteld om de actualiteit te bewaren. Een duidelijke groepering van elementen.

Groepering geeft je ook de mogelijkheid om focus aan te brengen en de bezoeker te sturen naar een gewenste keuze. In de supermarkt bestaat assortiment vaak uit een drietal keuzes; de goed, beter, best optie of bij de Bijenkorf kun je bv altijd kiezen tussen een aantal varianten beddengoed. De voordelige 100 cotton thread, de normale (maar wel met meeste marge) 200 cotton thread en de duurdere de 400 cotton thread bedovertrek. Het is niet vreemd dat we dit ook online toepassen. Wanneer je verschillende producten naast elkaar zet, of productvarianten toont, dan kun je een onderdeel vast selecteren. Hiermee leg je de aandacht op het ene product of item en laat dit nu net het item zijn wat het liefst verkocht moet worden

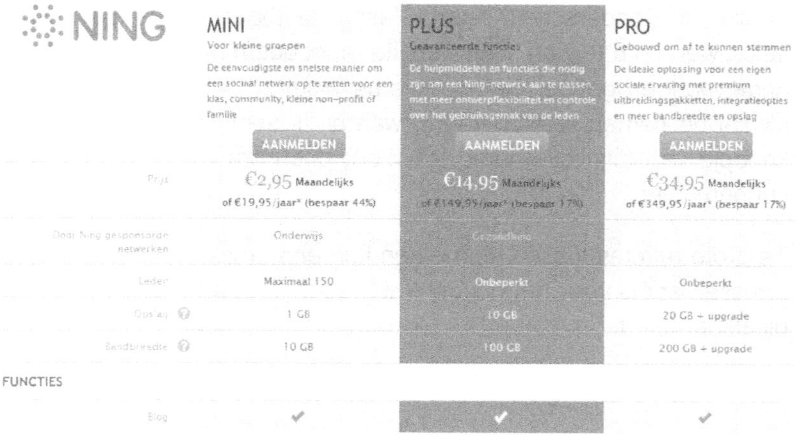

Herhaling

Voorbeelden zijn legio van websites die het presteren je laten overwhelmen in de explosie van kleuren, thema's, banners en andere schreeuwende elementen. Toch is herhaling soms goed bruikbaar ter ondersteuning

"herhaling is goed bruikbaar ter ondersteuning"

Hiermee plaats je de aandacht nog eens nadrukkelijk op het element. De herhaling doe je bewust en om te laten zien dat je het bewust toepast geef je het een andere kleur, achtergrond, lettertype of fontgrootte. Let wel dat dit zorgvuldig wordt toegepast. Zeker vaak bij websites waar je al zoveel te vertellen hebt, is het effectiever om dingen weg te laten.

(wit)ruimtes en spatiering

Variëren in ruimtegebruik is iets waar je beter maar zorgvuldig in kunt zijn. Zoals website stramien doet vermoeden dat je altijd alles strak achter elkaar moet plaatsen, kun je er zeker mee spelen door witruimtes en leemtes te gebruiken. Te druk geclusterde content maakt het onderscheid soms lastig tastbaar en is het soms benauwend om te zien. Een website moet adem halen en een vrij en ongedwongen gevoel geven. Ademsnakkend zijn sommige portals (ik zal de namen niet noemen), waarbij ik spontaan mijn bovenste knoopje van mijn overhemd los moet doen om enigszins adem te kunnen halen.

Te grote ruimtes tussen elementen kan ervoor zorgen dat de relatie ertussen soms voor het gevoel kwijt raakt. Je weet niet meer of iets bij elkaar hoort.

Website stramien: het grid

Grids zorgen voor de balans van je website en dragen bij aan de herkenbaarheid. Door het werken met een grid of raamwerk, kun je type pagina's definiëren en bezoekers een feest van herkenbaarheid bieden door in een zelfde stramien content aan te bieden. Klinkt allemaal heel logisch en wordt al sinds jaar en dag toegepast. Juist omdat de herkenbaarheid zo belangrijk is, kan het geen kwaad om hier wat langer bij stil te staan. Stel jezelf de vragen of alle informatie in een bepaald stramien goed over de bühne komt. Passen widgets wel in dat stramien. Werk je bijvoorbeeld met een 2 koloms stramien, dan kunnen mogelijk standaard advertentie formaten niet meer op je website geplaatst worden. Het kan ook zijn dat elementen gaan zweven en dus kunnen zorgen voor onbalans op je pagina. Standaard onderdelen van je stramien is uiteraard de hoofdnavigatie en het hart van je website. Eventueel aangevuld met submenu's, footer, kolom voor gerelateerde content, etc.

Stijlen en templates

Iedereen heeft zijn eigen personaliteit, zijn DNA. Een website wil je een gevoel mee geven. Dit gevoel kan veroorzaakt worden door wat er tekstueel op een site staat, maar ook door een achtergrondje of buttons, tabbladen, menustructuur, typografie, patronen of andere elementen. Maak bewuste keuzes wanneer je een stijl element toevoegt aan een website en voer dit consequent door naar de rest. Het kan zijn doel voorbij schieten of afleiden van de boodschap die je mee wilt geven.

Een online huisstijl vaak gevisualiseerd in een online stijlgids en als afgeleide van de huisstijlgids geeft externe developers of ontwerpers handvaten om het DNA van de website te kunnen blijven ademen.

Typografie

Typografie bestaat uit het kunnen spelen met het lettertype. Wat steeds vaker wordt toegepast is verschillende groottes en vormen van lettertypes. Zo kun je spelen met lijn breedtes, lijn hoogtes, fontgrootte, type font. Sommige fonts ogen wat vriendelijker, terwijl andere fonts agressiever zijn.

Soorten pagina's

Om de herkenning van pagina's te vergroten, kennen we een aantal vaste stramienen voor soorten pagina's. Bedenk goed wat het doel is van het type pagina. Naast de homepage, de voordeur van je website, heb je ook categorie pagina's. Dit zijn pagina's waar je op hoofdlijnen laat zien welke categorieën je hebt. Productpagina's of detailpagina's hebben als doelstelling uit te leggen wat je verkoopt. Helppagina's zijn er om ondersteuning te bieden en kunnen ook weer allerlei vormen aannemen. Zo kan een helppagina bestaan uit een Call-me-back functionaliteit, of een FAQ functionaliteit, of is slechts een alt-tekst bij een afbeelding of stuk tekst of functionaliteit.

Maak delen eenvoudig

Vergroot je bereik door actief te stimuleren dat content in welke vorm van ook, gedeeld kan worden. We noemen dit een actieve referral strategie. Attendeer niet alleen vrienden door een link door te laten mailen naar het artikel. Attendeer ook door content sociaal beschikbaar te maken. Is het mogelijk om iets "likeable" te maken, een bericht te retweeten (let op dat het oorspronkelijke bericht niet meer dan 120 karakters bevat, omdat bij een retweet ook jouw Twitternaam in het bericht moet passen). Kun je content delen op Google+, Facebook of Twitterstream. Er zijn standaard modules voor waarmee je content in meer dan 150 verschillende sociale media kunt herplaatsen.

De meeste CMS platforms of E-commerce platforms bieden deze functionaliteit standaard aan. Waarom is delen zo belangrijk. Hoe meer er naar je gelinkt wordt, des te relevanter is mogelijk je informatie. Wanneer je informatie mogelijk relevant is, dan is het een reden om hoger in de zoekmachines te komen. Reageren er heel vaak mensen op je website, dan vinden mensen de informatie die je biedt waarschijnlijk redenen om er te komen en dus is het voor Google een reden om je hoger te indexeren.

De drie tips die ik hierbij wil meegeven zijn: zorg ervoor dat je "ontdekt" kunt worden. Maak delen zo eenvoudig (usable) mogelijk dat zelfs de grootste lazy person het niet teveel moeite vindt om het te liken, Google +1, of te herplaatsen en doe het consistent; maak het voor al je artikelen mogelijk om te kunnen reageren en niet alleen de artikelen waarvan je hoopt dat er geen negatieve reacties op komen.

Bovendien kan content kan allerlei vormen aannemen en makkelijk verspreid worden. Een referral strategie zorgt ervoor dat je bewust bent van het verspreiden van de content. Is het beter te plaatsen op een Blog, of bestaat er een Slideshare variant? Zijn delen van de content te vinden op Flickr of Vimeo, Digg of verschillende sociale media.

Wat doen we nu met de pagina vouw (pagefold)

Nee, je leest het niet goed. Het gaat niet over een vrouw, maar over de vouw (vandaar dat ik de engelse vertaling er maar even achter heb gezet). Gebaseerd op het traditionele omslaan van een pagina in een magazine. We hebben de voorkeur het einde van het verhaal te hebben op een betreffende pagina. Dat kan niet altijd dus moet je tekstjes inkorten.

Met de enorme hoeveelheid aan schermgroottes is het bijna onmogelijk om voor ieder scherm te kunnen ontwerpen. Analyseer je site statistieken om te kijken welke browsers het meest voorkomen en probeer voor de grote gemene deler te ontwerpen. Browserversies en browservarianten zijn continue in beweging en met de variaties in handheld pc's, netbooks, notebooks, tablets, tv's met beeldscherm, spelcomputers en mobiele telefoons is het niet goed bij te houden wat wel en wat niet werkt.

Een van de eerdere aannames is dat de bezoeker door de hoeveelheid behoefte heeft aan gebruiksgemak. Een eerdere vertaling hiervan is dat scrollbars aan de zijkanten en onderkanten van de pagina uit den boze zijn. Hoewel de experts hier nog steeds van mening verschillen, kies ik de kant die aangeeft dat scrollen best mag. Scrollen is namelijk helemaal niet erg. Zolang een pagina scanbaar en leesbaar is, ervaart de bezoeker scrollen niet als vervelend, maar gewoon als onderdeel van zijn interactie met je website.

Het heeft namelijk geen zin om zoveel mogelijk op een pagina te proppen om maar te hopen dat iemand niet hoeft te scrollen. Heb je alles er eindelijk op geknald; heeft de bezoeker geen 17 inch scherm maar een 16 inch. Dat is de realiteit.

Daarnaast kun je de ellendige schermen van tablets of mobiele telefoons ook nog eens omdraaien. Hierdoor krijg je twee verschillende vouwen. Een primaire en een secundaire.

Focus daarom niet zozeer op de fold zelf, maar zorg ervoor dat de boodschap helder en cristal clear is in de "veilige zone". Er zijn verschillende simulatie pakketten die kunnen laten zien hoe jouw website er op een bepaald formaat uit ziet. (Google maar eens op screen tester, screen simulation tools).

Vloeiende layouts zijn alternatieven waarbij de onderdelen van de pagina zichzelf opmaken op basis van het scherm dat wordt geserveerd.

Hoofdstuk 6 Navigatie – de varianten

Bezoekers bewegen zich op verschillende manieren door je connected touchpoints. Gaan van device naar device en bezoeken ieder een website op hun eigen manier. Een bezoeker navigeert vooral visueel. Hij scant als het ware de pagina op zoek naar wat hij wil hebben. Dit hebben we toegelicht bij visuele hiërarchie. Een bezoeker navigeert via een Zoekmachine. Een bezoeker navigeert via de traditionele menustructuur en een afgeleide variant hiervan is de faceted search.

Navigatievariant – zoeken via zoekopdracht

Waar we bij het traditionele web nog steeds gebruik maken van de dominante zoekmachines. En let's face it, Google doet dit al sinds jaar en dag enorm goed. Zoeken we via de appstores ook steeds meer naar de apps die voor ons relevant zijn. Omdat dit vaak wat onderbelicht is, wil ik hier even kort op in gaan. De hoeveelheid apps is schrikbarend aan het worden. Je kunt geen bedrijf binnen komen of ze willen een app. Hartstikke goed als het om een vingeroefening gaat, maar het is niet altijd nodig om een app te hebben. Het moet wel waarde toevoegen. Of je nu de Ovi of Apple store gebruikt, de kunst is om een app strategie te hebben waarbij je zo relevant mogelijk in de zoekresultaten naar voren kunt komen. Denk daarom aan de naam die je de app geeft. Is deze beschrijvend, is het onderdeel van je merknaam; wat doet het. Denk na over je lanceringstrategie. Dit kan voordelen hebben om tijdelijk beter opgemerkt te worden. Biedt bijvoorbeeld een tijdelijke prijsverlaging aan, vraag gebruikers in de app om een review of rating te geven, biedt je app tijdelijk gratis aan. Kijk goed naar de omschrijving van je app, staan de juiste zoekwoorden erin. Gebruik je andere kanalen voor appvertising om de app te promoten. Plaats je app op relevante momenten naar voren. Laat prominente gebruikers (of dit nu marktgebonden of journalistieke prominenten zijn) de app gebruiken en erover schrijven. Sta ook open voor kritiek en geef je app regelmatig update waarin je aangeeft dat je geluisterd hebt en verbeteringen hebt doorgevoerd.

De zoekopdracht via het traditionele web (en dit geldt ook voor een mobiele website) wordt verder toegelicht in zoekmachine optimalisatie.

Navigatievariant – zoeken via menustructuur

De menustructuur is daarom een zeer belangrijke. Niet zozeer voor een zoekmachine als Google waarbij hiërarchie voor een zoekmachine ook de mate van belangrijkheid weergeeft voor sommige onderdelen. Juist voor de bezoeker is een structuur vaak een houvast om door je site heen te bewegen.

Is de menustructuur logisch opgebouwd. Is het geen vertaling van de verschillende bedrijfsonderdelen. In hoeverre is het menu outside-in gedacht. Is er een logische categorisering of plaats je onderdelen bewust wat meer naar voren of in een hoekje.

Een van de alledaagse verbeteringen van je site is door te analyseren in je surfgedrag hoe de bezoekers zich navigeren. Wordt het menu begrepen, is het handig om voor sommige bezoekers op basis van herkenning een aantal onderdelen wel of niet te tonen behavioral menutargeting. Dit is een continue verbeterslag waarbij de bezoeker leading zou moeten zijn. Beschrijft het menu item wat er in het submenu te vinden is. Gebruik je geen vakjargon, zoals het woord accommodaties wat geen ene consument begrijpt. Of heb je het over *overnachtingsvormen* wanneer je hotelovernachtingen, standplaatsen, bungalows, bed en breakfasts, etc bedoelt. Is het menu item geschreven in de taal waarop bezoekers begrijpen en waar ze voor komen. Het klinkt wellicht niet altijd professioneel, maar sommige mensen hebben het ook gewoon over een goedkope vakantie en niet over een "charme all inclusive industry award verblijf in aangename prijstechnisch interessante verblijfsomgeving".

"Geen bullshit. Gewoon zeggen wat het is. Verkoop je boeken, zeg dan dat je boeken verkoopt".

Dat ik in dit boek allerlei termen gebruik waar je niets van snapt, dat is bewust omdat ik je probeer iets bij te brengen.

De menustructuur kan ook faceted zijn. Oftewel, een bezoeker kan elementen selecteren, verschuiven, aanwijzen of de-selecteren en het zoekresultaat wordt hierop aangepast. Aardig is de variant waarbij je kunt selecteren wat je NIET zou willen. Heb je een hekel aan kleine kids naast je strandbed, dan moet je toch ook kunnen selecteren dat je alles behalve kleine kids wil tegenkomen. Of het maakt je niet uit welke auto je zoekt, als het maar geen Volkswagen is. Of het maakt je niet uit waar je naartoe wilt, als je maar niet in Nederland blijft.

Faceted search is juist interessant als er veel verschillende criteria zijn die invloed hebben op het zoekresultaat. Het is onmogelijk om 10.000 resultaten door te lopen. Hoe meer je selecteert, hoe relevanter het antwoord. Belangrijkste learning is dat je nooit op NUL uit mag komen. Zorg er altijd voor dat je zoekmogelijkheden aanpast aan het zoekresultaat. Neem in je achterhoofd op dat je altijd vanuit de klant helpen redeneert. Wanneer een bezoeker dreigt op geen resultaat uit te komen, begeleid hem dan naar mogelijke alternatieven. "X is niet beschikbaar, maar wellicht is Y interessant voor u".

Ontwerp uitgangspunten

Kort samengevat kennen we vanuit ontwerp oogpunt, en dat is dus meer dan alleen de verfkwasten en de rollers, een aantal uitgangspunten.

Iedere pagina vormt een logisch onderdeel in het geheel

bezoeker weet waar hij zich bevindt, weet wat van hem verwacht wordt, wordt verleidt actie te ondernemen, kan altijd terug

Website laadt binnen 2 seconden (conventie)

Website is betrouwbaar:

Technisch, omdat hij doet wat je van hem verwacht.

Functioneel, omdat hij doet wat je vraagt: klant is in control

Gebruiker moet altijd venster kunnen sluiten/annuleren of terug gaan naar het proces

Website is scanbaar (in één opslag zien waar het voor is)

Website biedt mogelijkheid om te kijken, te kiezen en te kopen. En is daarom:

Overzichtelijk, duidelijk, rustig (goede combinatie beweging en stilstaand beeld)

Layout is in balans

Layout is niet te complex

Layout is logisch gegroepeerd

Layout is getoetst aan merkformule en positionering

Layout heeft eenduidige structuur

Website is voorzien van heldere informatie hiërarchie

Beeldmateriaal is ondersteunend

Less is more (alles wat geschrapt kan worden is geschrapt)

Foutmeldingen/helpteksten zijn verklarend en bieden oplossing

Domein kent succesvolle user flow

Hulp bieden – Guided Navigation

We ontwerpen websites of connected devices altijd vanuit de optiek dat ze zelfverklarend en intuïtief zijn. Heel goed natuurlijk. Ik kan je alleen vertellen dat dit niet altijd zo is. Soms is het handig om net even wat uitleg te geven bij de stappen die de bezoeker moet ondergaan, of net even een stukje toelichting te geven bij een term of product.

Er zijn uiteraard verschillende manieren om hulp te bieden. Of het nu gaat om een hele simpele ALT-tekst, of dat het gaat om veel gestelde vragen, wees je ervan bewust wanneer en hoe je deze toevoegingen op je omgeving wilt gaan inzetten.

Ondersteun je website met Veelgestelde Vragen; Frequently Asked Questions (FAQ). Biedt jouw website wel antwoord op alle vragen, zijn er bepaalde vragen die veelvuldig voorkomen. Voordat iemand over gaat tot transactie of bruikbare informatie vindt, moeten toch een aantal vragen worden beantwoord. Of het nu gaat om een toelichting op de ingrediënten van een maaltijd die de bezoeker bij de Albert.nl wil aanschaffen of een uitleg over de openingstijden van een restaurant.

Sommige websites hebben een aparte "help" onderdeel terwijl vaak de wat commerciëlere website een "support" stuk kennen. Onderdelen die vaak aan bod komen zijn, hoe kom je in contact, hoe kun je iets aanschaffen, wat moet je doen als je iets hebt aangeschaft, is er technische ondersteuning over het product, hoe kun je iets installeren, etc. Zo heeft Google per product een aparte "hulplijn" in haar Help Center sectie. Zoals hieronder is weergegeven.

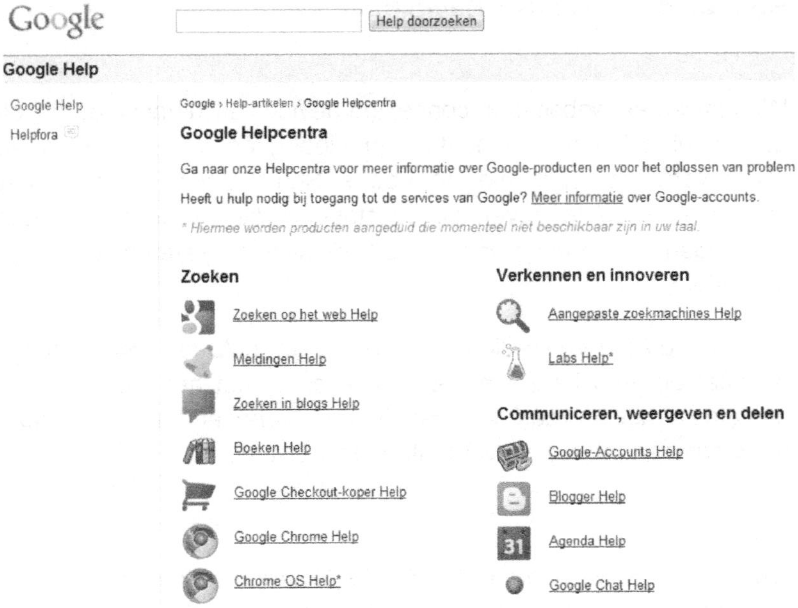

Wanneer bezoekers het niet kunnen vinden of via een andere manier dan de helpteksten enige ondersteuning nodig hebben, zorg dan dat je duidelijk en op een verklaarbare plek je andere contactmogelijkheden aanbiedt. De eerste stap is om het zelf op te laten lossen en als ze er niet uit komen, ze hulp te bieden hoe via andere contactmogelijkheden (telefoon,chat, email, winkel) contact gezocht kan worden.

Maak helpteksten vooral kort en bondig. Zorg dat het verklarend werkt. De bezoeker neemt de moeite om iets te gaan zoeken, anders was hij al lang afgehaakt en heeft de bezoeker weggeklikt. Maak het scanbaar en overzichtelijk. De bezoeker is al verward wanneer hij bij de helppagina komt. Orden het eenvoudig, maak het eenvoudig beschikbaar op de een of andere manier in het menu.

Wanneer je hulp niet op je eigen website kunt bieden, denk aan het installeren van een nieuwe browser, geef dan een verwijzing naar waar je bezoeker zijn hulp wel kan vinden. Dat kan via een link naar een betreffende partij zijn of een forum waarover bv de installatieproblemen van een Joomla CMS besproken wordt.

Hulp bieden – Categoriseren

Om verwarring te voorkomen is een ordening in de vorm van categorisering handig. Maak een duidelijke indeling en zorg dat de categorienaam verhelderend is en een verklaring is voor alles wat er onder valt. Neem een voorbeeld aan Apple (zie hieronder).

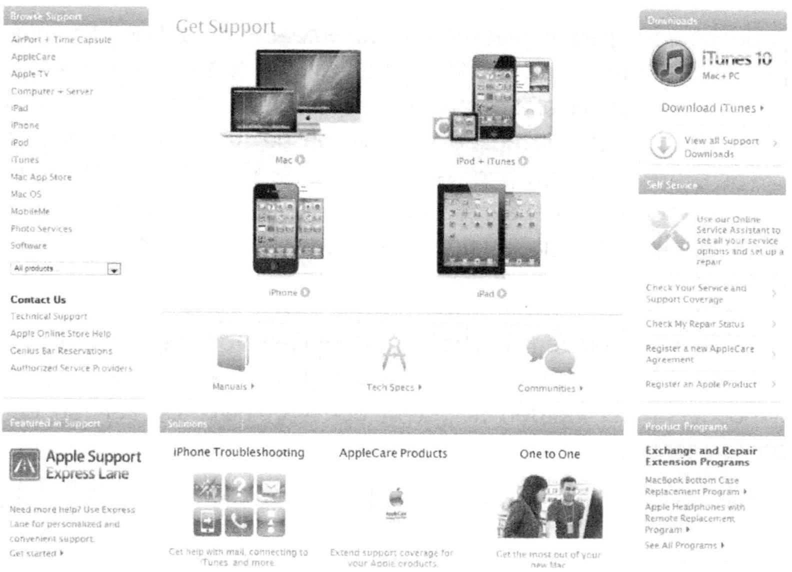

De andere vorm van categoriseren is het doorzoekbaar maken van je content. Gebruik dit wanneer niet altijd handig is om items in categorieën te plaatsen. Neem als voorbeeld de term "melk". Dit kun je categoriseren onder zuivel, of onder non-alcoholische dranken. Het is niet altijd handig om een term te verstoppen onder een groepsnaam. Vandaar dat het vindbaar maken van de items zo enorm belangrijk is. Het is niet voor niets het bestaansrecht van Google. Dus waarom niet op je eigen website of app. Weet op wat voor manier je bezoekers zoeken. Zoekt iemand inderdaad op non-alcoholische dranken wanneer hij op zoek is naar een pakje melk?

Hulp bieden - 404 pagina's

Niets is vervelender dan niet te vinden wat je zocht. Zeker als we net een CMS release achter de rug hebben en we hebben de site weer op zijn kop gegooid. Pagina's zijn verplaatst of verdwenen, verwijzingen kloppen helaas niet altijd meer dus ja:

Inderdaad: this sucks.

Daarom zijn redirects altijd handig om in te zetten. Het kan ook zijn dat een bezoeker een verkeerde url intoetst of dat een gebookmarkte pagina niet meer beschikbaar is, of dat een link naar jouw website niet meer werkt. Er zitten zeker wat voor- en nadelen aan vast. Maar de allerbelangrijkste vorm is de 404 pagina. Deze heeft als doel om de bezoeker weer op de juiste weg te helpen. Zeker als je weet dat ongeveer 5% van je bezoek een dergelijke pagina tegenkomt. Verleen service door mogelijke verwijzingen naar de juiste plek waarnaar de bezoeker mogelijk naar op zoek was, aan te reiken.

Veel websites bieden creatieve oplossingen voor het feit dat een pagina niet gevonden wordt. Belangrijkste doel dat voor ogen gehouden moet worden is het bieden van hulp. Dit kan op een aantal manieren:

- ✓ *laat de interne zoekmachine zien zodat de bezoeker zelf nog een keer kan gaan proberen. Wat hierbij een risico is, is dat de bezoeker vaak hetzelfde zoekgedrag vertoont en weer een 404 pagina tegen komt. Dan kun je er in ieder geval vanuit gaan dat je bezoeker redelijk gefrustreerd is.*
- ✓ *Maak een verwijzing naar de homepage*
- ✓ *Geef contactmogelijkheden (winkels, contact center, helpdesk, email-service)*
- ✓ *Verwijs naar de zoekstructuur of de navigatie*

Maak daarom regelmatig analyses van je 404 pagina's en ruim de gebroken links structureel op.

Hoofdstuk 7 – Chat, Call me Back/Now

Deze drie verschillende vormen van hulp bieden worden vaak met elkaar verward, terwijl ze wel degelijk een andere functionaliteit hebben. Zie het als drie gradaties van hulp bieden. Vanuit de visie dat bezoekers eerst zelf de oplossing moeten kunnen vinden naar een steeds extra vorm van hulp bieden. Hieronder probeer ik uit te leggen wanneer het beste is om welke hulpmiddel in te zetten.

Chat

Chatten kun je op verschillende manieren uitleggen. Zo kun je met een Chatbot gaan praten, maar ook via Livechat een sessie met een helpdeskmedewerker opstarten. De eerste variant is in te zetten wanneer er nog redelijk veel dezelfde vragen worden gesteld die eenvoudig in een scriptje beantwoord kunnen worden. Terwijl de Livechat een optie is die je pas in een later stadium van de aankoopfunnel wilt inschakelen. Deze persoonlijke assistent kan op verschillende manieren in contact met de bezoeker komen; hetzij via email, IM, skype of traditioneel; gewoon even bellen. Denk erover na hoe je de consument het beste kunt bedienen en welke vormen van contact logisch zijn. Wanneer jouw product veel uitleg nodig heeft kan een antwoord sneller worden afgehandeld op het moment dat je even in de telefoon springt. Dit om te voorkomen dat je anders ellenlang emailverkeer gaat opstarten. Oftewel: begrijp de wensen van je klant en oordeel hoe de klant het snelst en het meest eenvoudig kan worden geholpen en wat voor jou als bedrijf het meest werkbaar is.

Call me back

Het is niet altijd wenselijk om direct naar de telefoon te grijpen. Het kan soms zijn dat je even rustig op je gemak met de benodigde papieren erbij, een telefoontje wilt plegen. Maak het de consument makkelijk door een tijdslot in te laten geven waarop je terugbelt. Kom deze afspraak uiteraard ook na. Weet of je genoeg FTE beschikbaar hebt om dit zo goed mogelijk uit te voeren. Het kan ook een kostenoverweging zijn door niet in de avonduren medewerkers beschikbaar te hebben die terugbellen.

Call me back wordt vaak ingezet voor producten die complexer in elkaar zitten of bij grotere bedrijven die langere openingstijden hebben.

Call me now

Hier straalt de call-to-action, letterlijk, ervan uit. De klant wil NU teruggebeld worden. Dit vergt nogal wat van je. Is er iemand NU beschikbaar en KAN de beschikbare persoon antwoord geven op de meest uiteenlopende vragen. Je kunt je voorstellen dat dit nogal flexibiliteit vraagt en adequaat handelen. Gebruik deze techniek wanneer mensen in de verkoopfunnel zitten en direct actie kan leiden tot een verkoop. Iemand komt uit stap 2 van het boekingsproces niet verder, en die wil je toch echt wel verder helpen.

De verschillende bovenstaande opties kun je ook sturen. Hoe dichterbij iemand bij de aankoop komt, des te meer moeite je zou willen doen om deze lead te laten converteren. Zo kun je er bewust voor kiezen op de generieke pagina's geen telefoonnummer weer te geven, en de bezoeker de zoekbalk of Help sectie te laten raadplegen. Een stapje verder in het verkoopproces kun je een bewuste keuze maken een ander middel in te zetten. Voor de wat algemenere vragen of in de oriëntatie kun je wellicht volstaan met een chatbot (die kunnen overigens ook heel geavanceerd werken), terwijl in de funnel een directe call me now wel degelijk gewaardeerd wordt.

Dit kun je natuurlijk sturen. Je kunt de livechat aanzetten op het moment dat iemand aanwezig is. Soms is het beter niet eens deze optie aan te bieden buiten kantoortijden. Daarbij kun je aangeven dat de livechat alleen op bepaalde tijden open is, of laat deze bewust buiten beschouwing.

Hoofdstuk 8 - Waarom gevonden worden

Zoekmachines zijn er om ons te helpen iets te vinden. What's in a name natuurlijk. Doordat we van alles op het web plempen en in de appstore duwen, zijn we allerlei winkelstraten aan het bouwen waar we door de bomen het bos niet meer kunnen vinden. Dat betekent dat je mensen naar je winkel moet trekken en dat kan met een klein uithangbordje, een wiebelend bord voor de winkel, of een ingezonden mededeling in de krant. Websites hebben wat banners om binnen de eigen website aandacht voor bepaalde producten te trekken, of kopen media op en tonen banners bij derden.

Een andere manier van je content vindbaar maken is door jezelf open te stellen voor zoekmachines. Dit kan op een natuurlijke manier via Zoekmachineoptimalisatie (SEO), of betaald, door Zoekmachine Advertising (SEA). Omdat Google nog steeds, zeker in Nederland, 92% van de zoekmarkt in handen heeft, optimaliseren we onze website voor Google.

Naast gevonden worden in Google is het ook wel prettig om in een Appstore (of Android/ Nokia Ovi store) gevonden te worden.

Gevonden worden in de Appstore

Een goed product verkoopt zichzelf. Lekkere feedback van gebruikers die maar al te enthousiast hun verhalen delen is niet voor ieder product weggelegd. Soms is het nodig om even dat extra duwtje in de rug te geven. Daarom hier wat simpele trucjes om gevonden te worden in de Appstore.

Lanceer op frequente basis een nieuwe update van je app.
Bied tijdelijke korting voor je app zodat hij door verschillende sites kan worden opgepakt als mogelijke tijdelijke actie
Geef via updates antwoord op de gebruikers meningen
Schrijf over je app of laat over je app schrijven
Speel met de prijs, biedt hem tijdelijk gratis aan

Gevonden worden via je eigen kanalen

Wanneer je de luxe hebt van eigen winkels of van winkels die jouw producten verkopen, kun je deze ontegenzeggelijk inzetten als trafficbuilders. Google heeft in 2010 uitgezocht dat 50% van alle consumenten verkopen ROPO gebeurt; Research Online, Purchase Offline (en vice versa). Zoals al eerder geschreven is het fijn als je een product even in je hand kunt houden, of kunt aanraken, voordat je het aanschaft.

Een containerbegrip hierbij is multichannel distributie strategie waarbij alle distributiekanalen worden ingezet en elkaar moeten versterken. Dat betekent dat het contact center ondersteunend zou moeten zijn in het verkoop en serviceproces voor een internet of winkel kanaal, of juist andersom. In de retailstore kun je referentiekaarten neerleggen waarop reviews van klanten die online zijn ingevuld te vinden zijn. Op internet kun je aangeven dat je een fiets in de winkel even kunt proefrijden zodat je weet of het wel iets voor je is.

Wat zijn bijvoorbeeld de openingstijden, of contactmogelijkheden met het contact center, of hoe kun je naar een vestiging rijden.

Zo kun je schermen in de winkel plaatsen (narrowcasting) die aanvullende productinformatie tonen of waar je extra kleuren, formaten, varianten kunt aanklikken en zelfs bestellen.

Een andere click/brick strategie is het bestellen in de webwinkel en ophalen in een fysieke winkel. Dit kan distributietechnisch wat complexer zijn en intern moeilijker te alloceren welke business unit nu uiteindelijk die fiets verkocht heeft, maar dat is intern geneuzel waar je wel uit kunt komen. Dat was vroeger met de reisbureaus niet anders. Die zagen internet als een concurrent van hun reisbureau. Dit was eenvoudig op te lossen door de omzet toe te kennen aan de reisbureaus die voor de afhandeling werden geselecteerd of door klanten toe te wijzen aan een postcodegebied. De verkopen die via internet werden afgehandeld werden dan aan het internetkanaal toegekend.

Een andere vorm van narrowcasting is het plaatsen van een internetzuil in de winkel. Hier zijn al vele testen van mislukt en blijkt erg lastig te zijn in een winkelenvironment. Bezoekers surfen niet op internet in een winkel zoals ze dat thuis doen.

Het bieden van inzicht in de winkelvoorraad, waarbij je laat zien in welke fysieke of online winkels je product nog beschikbaar is. Schaarste kan hierin een trigger bieden, zoals dat mooi bij Booking.com gebeurt, maar kan ook aangeven in welke winkels nog voorraad beschikbaar is zodat je niet voor niets naar een filiaal rijdt.

Inzicht bieden in de orderstatus werd vooral gedaan bij retail webwinkels, maar zie je steeds vaker terugkomen. Wil je weten waar je boek blijft, of dat het cadeautje op tijd binnen is. Met ordertracking wordt het logistieke proces inzichtelijk. Als er vertraging is van een bestelling, geeft dit dan pro-actief aan (hetzij via email of telefoon), maar laat een consument er niet zelf naar moeten zoeken.

Wanneer bezoekers niet hun bestelling afmaken kun je op sommige momenten hen nabellen en eventueel telefonisch helpen. Misschien zijn er problemen geweest met het invullen van gegevens, of onbeantwoorde vragen. Deze afvallers strategie is er een die zorgvuldig opgepakt dient te worden. Het is niet altijd wenselijk om nagebeld te worden. Consumenten kunnen bijvoorbeeld slechts voor een prijsindicatie in de markt zijn geweest, of hebben per ongeluk op “boek/bestel” geklikt. Dan is het zeker niet wenselijk om nagebeld te worden. Dat kan zelfs intrusive werken. Ervaring leert dat wanneer een bezoeker bijna alles heeft ingevuld en bij de laatste stap toch afhaakt, het plezierig vindt als je nabelt om te vragen of je kunt helpen.

Een iets andere vorm is co-browsing, waarbij de bezoeker naar het call center belt om aan te geven dat hij er niet uit komt. Er zijn verschillende tools (Tealeaf, Speedtrap) die kunnen inbreken op de betreffende sessie en de consument door de bestelling of wat voor vraag dan ook, kunnen meesurfen en het bezoek simuleren vanaf de helpdesk of contact center. De kunst is de beller niet het gevoel te geven dat het bedrijf inbreekt in de privacy, maar dat je echt meehelpt met de beller.

Een online veel gebruikte vorm Cross-sell referrals wordt nog niet zo heel veel toegepast in de winkels. De manier om een product aan te prijzen waarbij producten worden vergeleken met elkaar. Waar Amazon mee begonnen was met “andere mensen kochten ook”, kan ook eenvoudig in de winkels worden toegepast. Zet producten naast elkaar op het schap en maak logische pakketprijzen voor producten die vaak samen worden aangeschaft. Waar vooral de boekwinkels op voorlopen (omdat er gemiddeld 3,2 producten per kassabon worden aangeschaft) is het samenstellen van een aantal verschillende boeken en daar een speciale prijs mee maken. Zie bv Amazon.

Multichannel distributie strategie is goed te verantwoorden vanwege de mogelijk crosschannel kostenbesparing, of verbetering van de time-to-market, of het verlagen van de productiekosten, verbeteren van de kwaliteit van je product of service. De meest eenvoudige manier om de verschillende kanalen elkaar te laten versterken is simpelweg door naar elkaar te verwijzen.

Het startpunt van je distributiestrategie is dat je vanuit de customer journey kijkt en dat je hierbij alle kanalen zo optimaal mogelijk inzet. Een effectief multichannel samenspel kan enerzijds leiden tot kostenbesparing in de kanalen, anderzijds verhoogt dit de easiness waarbij je de klant het gevoel geeft dat hij de regie zelf in handen neemt. Een bewuste kanaalsturing voor een optimale kanaal,- en productmix.

Gevonden worden via andere kanalen

Het zou zo leuk zijn als iedereen naar jouw website toekomt en doet wat hij daar zou moeten doen. Bezoekers komen er met verschillende taken. De mindset is goed in te onderdelen op te nemen. Bezoekers kennen twee soorten surfgedrag: Functioneel en Emotioneel.

Functioneel bezoekgedrag is wanneer de bezoeker functioneel ergens naar op zoek is. Hij weet wat hij wilt, en gaat rechtstreeks op zijn doel af. Stel je hebt een fantastische auto gekocht, maar hij moet verzekerd worden. Tja, wat ga je dan doen? Precies. Op zoek naar een autoverzekering. Je surfgedrag is daarom erg direct en feitelijk.

EMOTIONEEL GEDRAG

Terwijl bij emotioneel surfgedrag de bezoeker iets zoekt dat past binnen zijn emotie. De klant redeneert vanuit zijn interessegebied. Of dat nu een passie voor wandelen is, of een kookliefhebber of een liefhebber van economische vakliteratuur. Stel dat een fietsliefhebber op zoek is naar een fietsverzekering voor zijn Batavus die in zijn slaapkamer staat omdat hij er zo gehecht aan is.

Beide bezoekers zijn op zoek naar een verzekering, alleen de customer journey is vanuit een andere invalshoek. De fietsliefhebber zal veel eerder vallen voor alle fietsgerelateerde informatie rondom het domein fietsen (dus fietsroutes, fietstassen, veel gestelde vragen over fietsen, etc), terwijl de persoon die een autoverzekering zoekt echt zo snel mogelijk een autoverzekering nodig heeft. In beide gevallen gaat het om een verzekering. In beide gevallen zijn de usp's waar iemand voor valt volstrekt anders.

Andere kanalen kunnen jouw producten ook promoten. Het aloude affiliatemodel werkt vandaag de dag nog steeds. Hierbij biedt je een lead-, of transactievergoeding voor de partij die de bestelling of bezoeker aandraagt. Concreet betekent dit dat andere bronnen jouw producten promoten. Voor sommige branches is dit common sense en dus de gewoonste zaak van de wereld. Hierbij is de retailer de tussenschakel met de consument en voor andere branches is de directe verkoop de belangrijkste inkomstenbron.

Het loont de moeite om derden jouw producten te laten promoten. Dit kan in de vorm van bought media. Je betaalt de affiliates een affiliate fee over de verkochte producten die ze aanprijzen. Het grote voordeel van dit model is dat je zichtbaar bent als merk op heel veel kleine(re) websites. Dit longtail principe van verkooppunten levert je een groot afzetkanaal en zet jouw merk mooi in de picture op vele plekken. Het levert je daarnaast ook nog eens branding voor je merk op.

Door toepassingen te gebruiken die voor anderen ook relevant zijn, kun je ook als applicatie, of zelfs als sponsor worden gebruikt. Denk hierbij aan de routeplanner widgets. In Nederland zijn er zo'n 25.000 widgets actief op websites die de ANWB Routeplanner als toepassing op hun site bieden. Al deze awareness betekent wel dat de ANWB op 25.000 websites zichtbaar is.

Aardige variant om gevonden te worden zijn de verschillende social bookmarking tools. Nieuw daarbij zijn de bladwijzers waar je productinformatie kunt "clippen". Lost Boys (LBi) attendeerde me op de Amazon Wishlist. De Amazon Wishlist zit weliswaar in de browser vastgebakken, maar is continue zichtbaar. Wat doet het. Je kunt informatie clippen van iedere willekeurige website en dus ook die van de concurrent. De productinformatie wordt opgeslagen en toegevoegd aan jouw wensenlijstje. Hiermee is Amazon altijd dichtbij en heb je een samengesteld verlanglijstje die je naar vrienden kunt sturen zodat je eindelijk eens wat voor je verjaardag weet. Bijkomend voordeel is dat Amazon informatie krijgt over alle producten die hierop worden opgeslagen en eventueel zelf inkoop kan doen op deze producten. Sterker nog, deels van de producten worden uiteraard ook via Amazon geboden.

Open Data biedt de mogelijkheid om jouw content te delen met anderen. In de verwachting dat developers met jouw content (ehhh code) aan de haal gaan en hier mashups op gaan creëren. Het vergt wel lef om je databronnen open te stellen voor anderen, maar het getuigt van crowdsourcing van je product. Hier kunnen namelijk hele mooie dingen uit ontstaan.

Andere optie is om je content te delen met andere websites of applicaties. Onderdelen of een uitkleding van de content kan worden aangeboden bij anderen. Uiteraard zijn hier verdienmodellen op van toepassing. Content kan worden verkocht, of je kunt (zie hier weer het affiliate model) verdienen aan de transacties. Als de website fietsen.nl alle informatie biedt over fietsen, dan kunnen ze bijvoorbeeld stukjes van hun fietsinformatie verkopen aan partijen als de NS. Hierbij kun je denken dat je fietsroutes rondom NS stations aanbiedt. Ook kun je denken aan het model waarbij je een aantal fietsroutes gratis aanbiedt en indien je meer functionaliteiten, meer selectiecriteria of betere uitleg van deze routes wilt vinden, je naar de website fietsen.nl weer toe zou moeten gaan.

Een nieuw en wat minder bekend kanaal is het Second Screen kanaal. Soms ook wel aangeduid als Third screen. Je tablet wordt hiermee op de derde plaats gezet naast de traditionele tv, de mobiele telefoon. Met Second Screening kun je jouw mobiele device (of dit nu een tablet is of een mobiele telefoon) ondersteuning of aanvulling bieden op het primaire kanaal. Stel je voor je bent een aflevering van CSI New York aan het kijken en je hebt je iPad voor je snufferd waarmee je op de bank aan het chatten over wie de moordenaar is in de serie. Tegelijkertijd krijg je achtergrond informatie over de betreffende aflevering, kun je zien waar de verschillende personages hun kleding vandaan komt en zie je in je Twitter of Facebook stream wat je vrienden hierover te zeggen hebben. Deze realtime programma streaming kun je heel goed doorvertalen naar een veelvoud aan programma's. Denk aan tennis/voetbal, series, actualiteiten programma's, X factor shows, etc. Wat nou internet maakt mensen eenzaam.

Socializen to the max!

Het ecosysteem van digital devices breidt zich de komende jaren alleen maar uit. Bovendien gaat er een verdere integratie plaatsvinden tussen de (sorry voor het vervelende woord) offline campagnes die online hun weerslag krijgen. Dat betekent dat billboard campagnes, abri's of winkeletalages een geïntegreerde campagne onderdeel met online componenten erin verwerkt krijgen.

In de winkels worden User Generated Content componenten gebruikt om producten aan te prijzen of wordt narrowcasting ingezet om te verwijzen naar meer productvarianten (dieper of breder assortiment). Signaleringsborden op de snelweg worden geïntegreerd met je incar entertainment of je navigatiesysteem. Misschien zijn borden straks helemaal niet meer nodig en zijn we afhankelijk van de techniek.

Billboards in de stad worden voorzien van slimmigheden die kunnen inspelen op actualiteiten of worden veel meer een heel groot connected device.

Veel later gaan we de integratie van deze connected devices zien met schermen of wanden die daar nu nog niet voor geschikt zijn. Het bekende filmpje van Nokia waar van armbanden beeldschermen omgetoverd worden en je op de badkamerspiegel het weer van vandaag kunt uitlezen. Nieuwe schermen die ons het leven gemakkelijker moeten maken.

Gevonden worden vanuit 't online kanaal (Zoekmachines)

Zoekmachines bieden nu de mogelijkheid om op verschillende type bronnen te zoeken. Op dit moment, en dat is eigenlijk de laatste 10 jaar wel zo, is Google in Nederland veruit het populairst als zoekmachine. Bing heeft een grote slag geslagen, maar komt (nog) niet in de buurt van Google. Dat komt omdat je wel degelijk vindt wat je zoekt. Wil je realtime informatie vinden van een voetbalwedstrijd tussen AC Milan en FC Barcelona, dan is de realtime zoekresultaat het meest geschikt. Doordat de informatie op het web zo rijk is en in zoveel verschillende publicatie vormen naar voren komt, biedt Google de mogelijkheid om de type informatie te vinden waarbinnen jij zoekt. Zoek je in blogs, video, in nieuwsartikelen of toch alleen wetenschappelijk. Google zal zich nog wel moeten blijven doorontwikkelen om de vraag achter de vraag te kunnen beantwoorden.

Gevonden worden binnen je eigen platform

Bezoekers zoeken niet alleen via de zoekmachine op internet. Vanwege de groeiende websites wordt de interne zoekmachine vaker gebruikt. Een paar tips in het gebruik of ontwerp ervan. De grootte kan bepalend zijn om beter op te vallen. De positie van een interne zoekmachine is rechts bovenin. Een redelijk conventionele positie, al moet ik zeggen dat center point in het midden een groeiende conventie is. Kijk naar Scoville, Groupon, Living Social, Twitter,etc.

Een aardige functionaliteit is het aanvullen van de in te toetsen termen. Bij iedere letter die ingetoetst wordt in de zoekbalk, denkt de zoekmachine na over de meest gestelde vragen en probeert daar een match voor te vinden. Hiermee vergroot je de kans op succes en worden de zoekresultaten relevanter.

Bij het tonen van de zoekresultaten is het soms goed om te ondervangen of een zoekopdracht wel het juiste resultaat heeft meegekregen. Stel de vraag “Bedoelde u...” of “andere mensen die zochten op X, bekeken ook Y”. Bij een grote hoeveelheid zou er ook gefilterd moeten worden. Filtering kan door meerdere zoektermen in te geven of door te sorteren op een bepaald kenmerk (prijs, waardering, populariteit). Denk er bijvoorbeeld over na of je een zoekopdracht bewust wilt bewaren. Dit kan handig zijn wanneer je naar een huis, vacature, weekendje weg of auto aan te zoeken bent. Dan hoef je niet steeds opnieuw zoekcriteria in te vullen. Wat minder vaak gebruikt wordt is de “uitgebreide” zoekoptie. In principe gaat een bezoeker er vanuit dat de simpele zoekoptie voldoende werkt. Een denkfout die nogal eens gemaakt wordt is dat terminologie niet altijd matcht met die van de bezoekers. Wanneer een artikel een code XC45WQL5033 heeft, zal hij nooit gevonden worden. De klant zoekt gewoon op badhanddoek en niet op de door jou intern gebruikte SKU code.

Teruggevonden worden – remarketing

Aardigheidje van de laatste tijd waarbij een cookie geplaatst wordt en je surfgedrag wordt opgeslagen. Wanneer je de bedankpagina bereikt en daarmee aangenomen wordt dat je iets hebt gekocht, wordt er geen business rule getriggerd. Echter, wanneer je een website verlaat zonder iets te kopen, shame on you, dan kunnen er business rules getriggerd worden die jou volgen op andere websites en toch nog een keertje het product voor je snufferd duwen om je te laten verleiden het product toch maar aan te schaffen. Vergelijk het met de winkelstraat. Je loopt een winkel uit zonder iets te kopen, kijkt in de volgende etalage of je gaat een broodje eten en dan zie je weer die ene jas op de advertentie. Zal ik dan maar toch? Tuurlijk, het is een aanleiding om nog even terug te gaan.

Het meest bekende voorbeeld is van het Google Inhoudsnetwerk. Wanneer je op de site van Booking.com aan het kijken bent naar hotels in New York, je vervolgens op de Telegraaf website niet geheel toevallig die advertentie weer terug ziet. Om te voorkomen dat je helemaal gek wordt van dat ene New York hotel, wordt er vaak een frequency cap op geplaatst zodat je het hotel maximaal bv drie keer terug ziet, of een timecap, waarbij je niet later dan twee weken nog die advertentie tegenkomt.

Gevonden worden vanuit de omgeving (Locatiemarketing)

Dankzij de mobiele devices en de tablets (ik durf nog steeds niet te zeggen of een tablet een mobiele device is, of dat het een netbook variant is. De definities en het gebruik ervan gaan het ons leren) wordt de informatievraag nu ook locatiegebonden. Sta je in Zoetermeer en je zoekt op je iPhone of Blackberry of Android (whatever) naar Blokker. Dan wil je most likely de openingstijden dan wel de locatie van de dichtstbijzijnde Blokker weten. Door de GPS functie nemen we aan dat je op zoek bent naar iets wat zich in de buurt bevindt. De geocodering van informatie neemt hierin een belangrijke rol in ontsluiting van de informatie.

Heel veel apps zijn hierbij een locatiefilter of een aanbodsfilter op jouw zoekvraag. Location Based Services, LBS, ook vaak genoemd.

De app van Groupon laat zien welke dagelijkse deals bij jou in de buurt te vinden zijn. De app van Albert Hein helpt je met de juiste routes in de betreffende AH winkel (afgeleid van de Barnes en Nobles store app).

Hoe word je lokaal relevant

- ✓ *biedt inzicht of een zoekmachine voor lokale initiatieven*
- ✓ *promoot lokale Events, markten of bezienswaardigheden*
- ✓ *toon bv lokale Tweets of Twitteraars uit de omgeving*
- ✓ *laat zien wat er lokaal op Foursquare aangeboden wordt*
- ✓ *welke producten zijn er via marktplaats in de buurt te koop*
- ✓ *gebeurt nog niet zoveel maar organiseer een lokale Tweetup*
- ✓ *zorg voor interactie met het lokale sufferdje*
- ✓ *zoek de verbinding met andere lokale ambassadors die zich lokaal inzetten of vanuit de regio opereren.*
- ✓ *geef lokale check-in activiteiten incentives om lokale acties te steunen. Dit kunnen loyaliteitsvoordelen, goede doelen, individuele of groepsvoordelen zijn*

Hoofdstuk 9 – Meer leads genereren

Zoals eerder al gemeld, bestaat de omzet uit leads maal conversie. Dat betekent dat leads genereren een cruciaal element is van je online activiteiten. Leads kunnen uit campagnes of uitingen komen van kranten, tv, nieuwsberichten of andere offline bronnen. Leads kunnen geretarget worden omdat ze al een keer interesse hebben getoond. Daarnaast zijn er gradaties van leads denkbaar met een verhoogde kans op koopintentie. De ene lead is meer in de markt om iets te kopen dan de ander. Sommige bezoekers komen per toeval of per ongeluk op je website. Zijn dit leads? Ja, dit zijn leads. Echter wel bezoekers met een zeer lage conversiepotentieel.

Tegenwoordig hoef je niet altijd bezoekers naar jouw platform te trekken. *Fish where the fish are*. Oftewel, zorg dat je daar bent waar het feestje zich afspeelt en laat niet iemand het cadeautje perse bij jou thuis hoeven uit te pakken. Als al jouw bezoekers op babybrabbel.net zitten, waarom zou je dan heel veel moeite doen om ze naar je website te trekken. Kijk of je jouw doel op die betreffende site of platform kunt realiseren. Geef daar antwoord op vragen en verwijs ze niet naar jouw eigen GSA/Q-go. Kijk of het mogelijk is om daar de transactie te verrichten. Is er een hoekje beschikbaar waar conversies gedaan kunnen worden met een eventuele leadvergoeding voor Babybrabbel.net of bv Facebook.

Leads genereren wil dus zeggen dat je bezoekers trekt. En dat wil niet zeggen dat je ze naar jouw eigen kanalen hoeft te trekken. De Zwaluwhoeve maakt het bijvoorbeeld mogelijk om te boeken op InpakkenenWegWezen.nl. Waarom: omdat het loont.

Veel bezoekers trekken wil niet altijd zeggen dat je meer omzet realiseert. Kwaliteit is soms belangrijker dan kwantiteit. Dat ligt volledig aan de doelstelling van je product of dienst. Wanneer je een anti-snurk apparaat verkoopt dan is je markt wellicht wat kleiner dan die van sneakers. Het kunstje van bezoekers trekken noemen we Online Marketing (OLM).

Online marketing is je navelstreng naar de buitenwereld. Hoe krijg je nu bezoekers getrokken. Een aantal kleine suggesties:

- ✓ *Probeer in ruil ergens voor, email adressen of sociale netwerk gegevens van de bezoeker te krijgen. Hiermee bouw je een profiel op en kun je in een ander moment bezoekers eventueel verleiden.*
- ✓ *Laat zien wat de voordelen zijn. Wat gebeurt er met je als je een product of dienst gekocht hebt of welk voordeel heb je bij het gebruik ervan.*
- ✓ *Maak je content deelbaar. Oftewel, maak het eenvoudig mogelijk om je content te delen met anderen. Hoe makkelijker je het maakt, hoe meer er gebruik van gemaakt wordt. Hiermee vergroot je het aantal outlets dat jouw producten of diensten in de etalage heeft staan.*
- ✓ *Plaats je content in meerdere gedaantes. Een bericht kan doorgeplaatst worden op een andere website of blog. Een bericht kun je ook inspreken of als videoboodschap opnemen. herhaal de highlights van je boodschap soms als headliner voor nieuwspartijen. Soms kun je een artikel als presentatie op Slideshare plaatsen of als White Paper de wat meer serieuze markt in slingeren. Geef een interview, maak een rapportage. Een aardige variant waarbij je een samenvatting maakt van het geheel is door er een infographic van te maken.*
- ✓ *Wees persoonlijk. Bedank bezoekers voor het plaatsen van een review, geef een tijdige follow-up. Baseer je niet alleen op business rules die een auto reply geven of een bevestiging met in brackets [voornaam] , [achternaam]. Een klein persoonlijk berichtje doet vaak wonderen.*
  - ✓ *Het voordeel van attractieve headlines. "8 manieren om vlekken uit je broek te krijgen", "Dé oplossing voor het zoutprobleem", "Ooit antwoord willen hebben op de vraag*

hoe je rijker kunt worden?" Je geeft een tipje van de sluier en maakt bezoekers nieuwsgierig naar de rest van het artikel. Zorg dan wel dat ze ook waar krijgen voor hun tijd.

- ✓ *Gebruik invloedrijke gast auteurs om content te delen.*
- ✓ *Maak een positieve en een negatieve casestudie. Wat ging er goed en wat ging er mis.*
- ✓ *Niet altijd netjes maar Namedropping helpt vaak wel. Kijk op google.com/trends wat hot is en gebruik de betreffende termen. Namedropping kan ook zijn door het noemen van een invloedrijk persoon, een titel van een boek, een tv programma, een celebrity, etc.*

Leads genereren – reason why

Hoe trek je bezoekers naar je Online Presence? Tja, door gewoon goed te zijn in waar je mee bezig bent zou je denken. Maar de waarheid is anders. Je hebt je webwinkeltje helemaal op orde, je SEO is geoptimaliseerd, je foutmeldingen zijn eruit, en je verkoopt je producten. Erg fijn allemaal. Maar daarmee ga je het nog niet redden.

Een oplossing is om actiemechanismes in te zetten om bezoekers te trekken. Dit geldt uiteraard ook voor mobiele websites. Achterliggende reden voor actiematige oplossingen is dat je product of dienst binnen afzienbare tijd verkocht of geleverd moet zijn. De urgentie is de houdbaarheidsdatum. Producten kunnen bederven, nieuws kan oud worden, voorraad kan het distributiecentrum belemmeren. Het kan bijvoorbeeld ook zo zijn dat je gewoon nog heel veel spullen te verkopen hebt en dat je de voorraad toch wel graag wilt zien slinken. Daarom is het goed om producten die bijvoorbeeld wat extra aandacht nodig hebben, af en toe in het zonnetje te zetten. Wat er vaak onterecht gebeurt, is dat aanbiedingen gemaakt worden, puur om het hebben van aanbiedingen. Dit ontkracht de explosie van aandacht die er voor aanbiedingen zijn. Zet iets pas in de aanbieding als hij voldoet aan een van bovenstaande redenen.

Een aparte reden voor bezoekers trekken naar je domein is dat je het merk lading wilt geven. Branding of Storytelling noemen we dat. In dat geval zit er geen directe transactionele component aan vast, maar wordt het merk gepositioneerd in de veronderstelling dat er een stukje herkenbaarheid wordt gecreëerd en dat bezoekers terugkomen op het moment dat ze jouw merk top of mind hebben.

Hou in het achterhoofd dat prijs acties vaak meer prijsbewuste klanten oplevert en dat je wat met je marge moet gaan doen om deze producten of diensten te verkopen. Het kan een bewuste investering zijn om loyale klanten te krijgen, maar vaak zijn prijsbewuste klanten net zo lang loyaal als dat je een aanbieding hebt. Het biedt geen affiniteit voor merkloyaliteit.

Nieuwsbrieven zijn nog steeds een uitstekend middel om bezoekers naar je site te trekken. Gepersonaliseerd aanbod of collectieve bulk e-mails. Afhankelijk van de branche waar je je in bevindt kunnen de verscheidene varianten goed werken. Naast commerciële doelen kan een actie ook leiden tot het invullen van enquêtes, het verhogen van Likes op Facebook, het aantal te maken reviews of comments op artikelen. Hou de drempel laag. Stel jezelf continue de vraag wat je wilt weten van de bezoeker. Zet dit af tegen het feit dat hoe meer vragen je stelt aan de bezoeker, des te hoger de drempel om een enquête in te vullen is of het meedoen aan een actie belemmert.

Wat goed werkt is een einddatum of eind tijdstip te communiceren waarop een actie afloopt. Of de beschikbaarheid inzichtelijk te maken. Hang er een competitief element aan en maak bijvoorbeeld een wedstrijd van het insturen van de aller aller allerleukste foto of video. Bedank altijd oprecht de bezoeker en zorg voor bevestiging. Luister goed naar de opmerkingen en inzendingen of rationale bij enquêtes. Dit is een enorme bron om je klantkennis op te vijzelen.

Hoofdstuk 10 - Business modellen

Het begint allemaal met een concept. Een business model bestaat niet zonder dat ene concept. Hoe denk je toegevoegde waarde te creëren. Er bestaat meer dan alleen producten of diensten verkopen. Anderen beginnen vanuit de idealistische filosofie en beginnen vanuit hun passie te werken. Zonder nagedacht te hebben over revenu streams. Het web is meer dan een sociale marktplaats. Wat veel startups gemeen hebben is visie. Een onafgebroken passie voor het ene hogere doel dat ze nastreven. Deze passionista's gaan voor de volle 100% achter hun wens aan zonder ook maar over een business model goed nagedacht hebben. Van Twitter, naar Snapdeal, InsideView, LivingSocial, Lashou, Lockerz, Ideeli, naar Foursquare. Uiteindelijk hebben ze een aardig business model gerealiseerd, en dat is funding. Venture Capitalists geloven in de visie van de oprichters. Wat voor business modellen bestaan er nu. Waar kun je "van zijn". Wat is het verdienmodel erachter. Onlangs heb ik daar wat research naar gedaan en heb een summier lijstje geproduceerd. Het is niet de intentie om volledig te zijn, het geeft wel een goed overzicht in verschillen in verdienmodellen.

Deze zijn eerder gepubliceerd op mijn blog Gihaux.com.

- ✓ Product overzicht (wanneer je een overzicht wilt bieden van producten die je verzameld hebt)
- ✓ Voordeel (financieel of persoonlijk voordeel doordat je ergens bent, ergens aan meegedaan hebt of iets als groep aangeschaft hebt. Voordeel wordt eveneens toegepast om aankopen te stimuleren. Soms omdat iets minder lang houdbaar is, of gewoon uit de schappen moet);
- ✓ Contextuele eCommerce (Context is leading in dit model. Context kan locatiegebonden zijn, persoonsgebonden of tijdsgebonden. Dus in de NS Reisplanner naar Den Haag een advertentie van de Haagse taxicentrale plaatsen);

- ✓ Comparison Shopping (Producten eenvoudig vergelijken. Bedenk de meetlat waarlangs jij producten of diensten wilt laten vergelijken. Voorbeeld is Google Product search);
- ✓ Mobile Commerce (Verkopen van producten of diensten op een mobiele device);
- ✓ Coupons (Weer helemaal terug dankzij Groupon; kortingsbonnen eventueel locatie of persoonsgebonden.
- ✓ Competitive couponing (Coupons aanbieden nadat iemand een prestatie geleverd heeft. Een medaille voor de eer, of keihard voordeel via Gowalla, Foursquare,etc)
- ✓ Loyalteits Programma's (het belonen van loyale klanten in wat voor nichemarkt dan ook)
- ✓ E-Commerce Platform (een keihard sales platform, denk aan de vele webwinkels. Of platformen die het mogelijk maken om je webwinkel te starten.)
- ✓ Ticketboer (een format waarin je tickets verkoopt)
- ✓ Marktplaats (een verkoop of informatie plek met gemeenschappelijk gedeelde interesse. Of dit nu een niche markt of iets is wat voor een grote groep interessant is)
- ✓ Social Commerce (deze kan op twee manieren worden uitgelegd; een platform waarin je gezamenlijk iets aanschaft, ook wel Group commerce genoemd, of een platform waarin je dankzij de sociale interactie iets aanschaft)
- ✓ Chat (incluis call me now, call me back of call me later) waarbij je een platform bent dat een complex advies kan geven of een module aanbiedt.
- ✓ Community waarbij je informatie rondom een thema verzameld of een plek waarin je samen met de leden iets probeert te bereiken.
- ✓ Forum (een community variant waar veel discussie en help onderwerpen worden aangesneden.)

✓ Online kennismaking (een business model waarbij ook zakelijke relaties kunnen ontstaan, of wanneer je bv een tennispartner zoekt)
✓ Foto/video delen; een plek waar je allerhande content kunt uitwisselen
✓ Een gesloten sociale netwerk waarin contact op uitnodiging enkel plaatsvindt.
✓ Professioneel netwerk, waarbij het doel is niet 1op1 kennismakingen te doen, maar onderdeel te zijn van een netwerk.
✓ Vraag/antwoord partij, waarbij je als platform antwoord kunt geven op vragen (zowel contextueel op basis van interesses, gedragingen of aankopen, als anoniem. Denk hierbij aan de komst van Quora of Qwiki.
✓ Social Bookmarking waarbij je net als Read it Later een tweet, of artikel kunt bookmarken om het later te gebruiken. Eerder hierover schreef ik al over de Amazon Wishlist.
✓ Social fondswerving waarbij je gezamenlijk voor een doel spaart net zoals Greenpeace dat doet omdat ze hun schip de Warrior moeten vervangen. In deze case kun je iedere bezoeker vragen om een bijdrage door een onderdeel van het schip aan te schaffen.
✓ Social gaming. Denk aan SCVNGR die een game layar rondom de hele wereld wilt plaatsen.
✓ Een persoonlijkheid of goeroe. Door vanuit je vakgebied te vertellen kun je tips geven aan anderen hoe ze op dat betreffende gebied succesvol kunnen worden of leg verbanden tussen ontwikkelingen die je ziet.
✓ Een monitoring tool waarbij je gedrag of bewegingen vastlegt, onthoudt en aggregreert tot concrete informatie waar je iets mee kunt doen.
✓ Een sociaal nieuwsplatform waarbij nieuws interactief vergaart wordt. De ene auteur belicht zijn waarheid op het verhaal, het nieuws, terwijl de ander het aanvult met zijn eigen waarheid.
✓ Een blog platform (ja natuurlijk weet ik dat het een competitieve markt is met spelers zoals WordPress, Vimeo, Youtube,

Blogger, Tumbler, Twitter, Facebook. Het is een business model nietwaar?

- ✓ Content verzamelaar. Een platform waar je content van verschillende bronnen samenvoegt en cureert tot informatie.
- ✓ Content syndicatie. Een manier om vanuit meerdere perspectieven content, en ook producten of diensten, te gaan verrijken.
- ✓ Lead generator waarbij je per lead afgerekent. De varianten op dit model is dat je niet per lead wordt afgerekend, maar per sale.
- ✓ Advertentie verkopende partij op een manier waar advertentie geplaatst kunnen worden op een site of in een module. Hoe relevanter de advertentie, hoe relevanter de verkoopmogelijkheid ook kan zijn. Persoonlijk relevante advertenties worden vele malen beter geconverteerd dan willekeurige richtinggevende advertenties. Traditioneel wordt verdiend aan advertentie inkomsten dankzij de grootte van je platform. Dit is nog steeds interessant als je naamsbekendheid wilt krijgen, terwijl relevantie veel effectiever inzet op de doelgroep.
- ✓ Locatiegebonden dienst verkopen of een platform daartoe zijn. Interessant wanneer de omgeving ertoe doet.
- ✓ Mobiel adverteren waarbij adverteren kan worden verrijkt met locatie. Mits de advertentie daarbij relevanter wordt.
- ✓ Mobiele eCommerce (mobi commerce) is de mobiele variant van het traditionele web)
- ✓ Mobiele coupon. Een traditionele coupon maar dan beschikbaar op een mobiel platform
- ✓ Mobiele betalingen, model waarin je als tussenpartij optreedt

Hoofdstuk 11 – De essentie van de funnel

Een verkoopproces heb je in alle distributiekanalen en is absoluut niet iets nieuws. In de winkel is dat net zo. Met promotie (huis aan huis folder, abro's of landelijke advertentie) probeer je leads te genereren naar de retailstore. In de retailstore is er sprake van signing om de bezoeker te wijzen op producten of bedoeld om te inspireren. We analyseren de looproute door de winkel, bepalen het schappenplan op basis van deze route en koopgedrag. Om uiteindelijk zo veel mogelijk meuk in het mandje te krijgen. Bij de kassa doen we daar nog een schepje bovenop, en gaat er van alles in de graaibak om nog net even dat bonbedrag te verhogen.

Al jaren proberen we inzichtelijk te maken hoe het verkoopproces eruit ziet in relatie tot de andere distributiekanalen. We proberen inzichtelijk te maken hoe de klant nu naar ons kijkt, wat hij van ons vindt en welke stappen er genomen worden voordat er iets gekocht wordt. Maar wat als we van een bezoeker een klant hebben gemaakt, wat als we willen dat hij nog een keertje wat bij ons aanschaft. Verschillende onderzoekers geven allemaal min of meer hetzelfde aan: het kost minder effort (en dus geld) om een klant eenmaal te behouden dan hem nieuw te werven. Daarom is het zo vervelend dat we de achterdeur zo wijd open hebben staan en klanten uitwuiven naar de concurrent. Loyaliteit is daarom ontegenzeggelijk belangrijk, maar trekt wel een zware wissel op het herkennen (en dus volgen) van je klanten om ze te behouden. Wat heeft iemand gekocht of in welke kanalen is hij/zij geweest. Je zou bijna geneigd zijn om achter iedere klant aan te blijven lopen of om een RFID chip te implanteren zodat je altijd weet hoe hij zich gedraagt.

Het verkoopproces wordt ook wel salesfunnel of conversietraject genoemd. Hiermee wordt over het algemeen bedoeld de stappen die de bezoeker onderneemt om uiteindelijk iets aan te schaffen.

In mijn perceptie bestaat de "funnel" uit de volgende stappen.

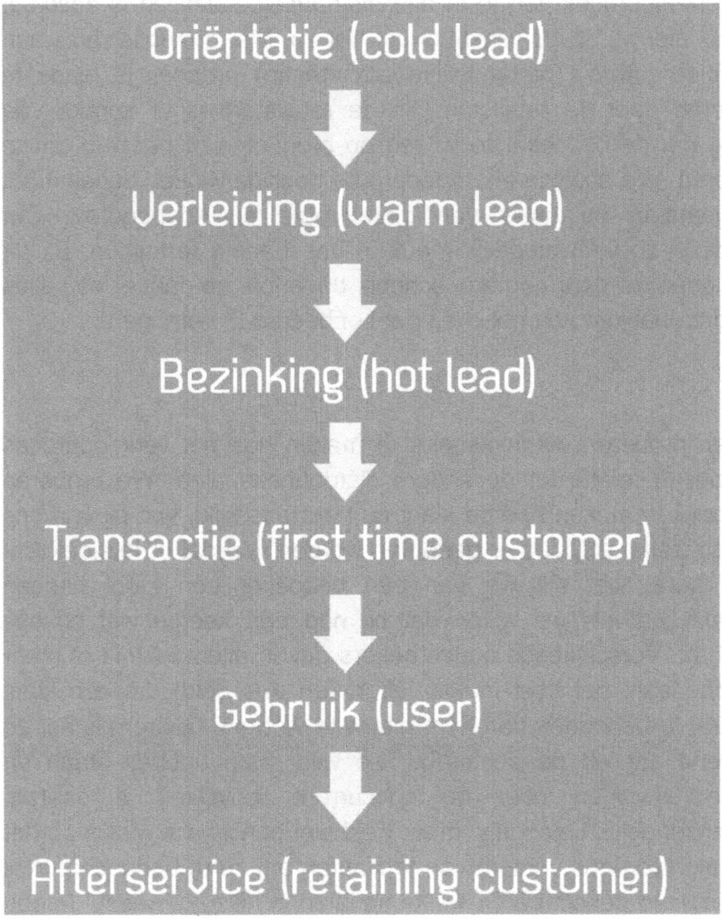

Iedere e-commerce manager heeft zijn eigen definitie, of legt de knip van de transactie op een wat eerdere moment, of gebruikt andere terminologie. Maakt allemaal niet zoveel uit, het gaat om de kern van het verhaal. Ik heb achter de termen een Engelse vertaling gemaakt om aan te geven in welk stadium iemand zich bevindt.

Het is niet zo vreemd dat deze volgorde in sommige stappen herhaald wordt, of dat er gaten/tijdsbestek er tussen zit, of dat er een stap wat meer of minder intens beleefd wordt. Dit is afhankelijk van het product of dienst en de affiniteit dat iemand ermee heeft. Sommige low involvement producten zoals verzekeringen wil je het liefst zo snel mogelijk aanschaffen en eigenlijk nauwelijks hoeven te gebruiken. Het loont gelijkertijd de moeite om te gaan vergelijken tussen aanbieders omdat het de eigen portemonnee raakt. Terwijl een vakantie zich juist heel erg pinpoint op het gebruik; het genieten van de vakantie. Hoewel voorpret al een belangrijk element van vakantie is.

Wat ik ermee wil zeggen is dat je dit prima kunt vertalen naar een formule om te gebruiken in het draaien aan radartjes van je online business. Ik hanteer hiermee de standaard formule:

Traffic x verkoop = omzet.

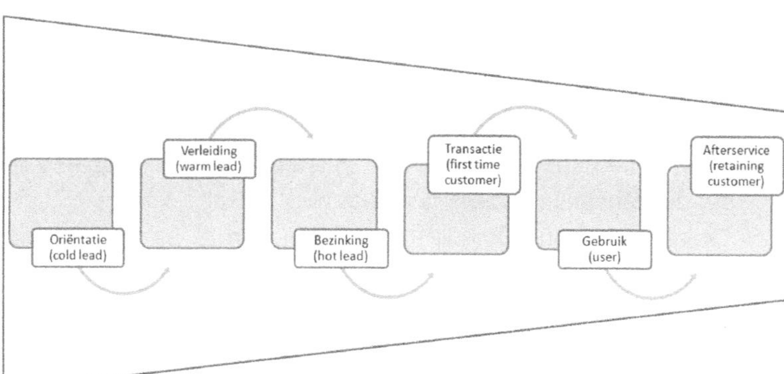

✓ Misschien wel zo handig van me om even de termen toe te lichten:

- ✓ Online Marketing (OLM) = de verzamelbak waar traffic mee gerealiseerd wordt naar je kanaal. In mijn definitie is online marketing zowel *earned* als *bought* media.
- ✓ Earned media = de media waar over je product of dienst gesproken wordt. Uiteraard kunnen dit zowel nieuwe potentiële klanten zijn, alswel mensen die een ervaring over jouw product of dienst met anderen delen. Kortweg worden hiermee vàak de sociale media bedoeld. Tracking of monitoring tools kunnen de gesprekken traceren en opvangen. Soms kunnen we er zelfs een waardering aan koppelen en hiermee inschatten wat de tendens van het individu of zelfs platslaan naar wat er in de markt gaande is.
- ✓ Bought media = de plekken waar je "display" of vertoningen inkoopt. Dit kan op Google zijn door Adwords, of via Facebook met F-commerce, of banners in een advertentienetwerk, of zendtijd op tv en radio. Dit kan ook affiliate marketing zijn waarbij je op plekken van derden jouw leads binnen probeert te halen. Misschien feitelijk niet helemaal juist, maar ik schaar nieuwsbrieven/EDM hier ook onder. Niet dat je email adressen perse aanschaft, maar het is een trafficbuilder, net zoals linkbuilding.
- ✓ Ecommerce = eBusiness = Sales. Termen die door elkaar heen gebruikt worden en feitelijk hetzelfde inhouden. Let wel: in mijn definitie is ecommerce het geheel van activiteiten dat binnen jouw owned kanaal plaatsvindt. Alles wat er aan gedaan wordt om de transactie te bewerkstelligen.
- ✓ Afterservice = het kunnen retargeten van je bezoeker én het behouden van je klant door middel van loyaliteitsprogramma's.

- ✓ In iedere fase komen verschillende media of activiteiten aan bod.

Oriëntatiefase

In de oriëntatiefase is "earned media" een zwaar vertegenwoordigde bron van potentiële leads. Door voornamelijk te luisteren wat er gesproken wordt en, indien wenselijk, daarop in te haken kun je een negatieve mening ombuigen tot een positieve, een vraag beantwoorden of een oplossing voor een probleem aanreiken. Laat de oplossing voor het probleem nu net jouw product zijn. Hatstikidee, de lead gaat naar je platform.

De oriëntatiefase is belangrijk om een goed gevoel te krijgen over je product. Door je product aan te bieden ter review of aan derden die er een mening over kunnen vormen, geef je een authentieke mening die niet vanuit de organisatie komt. Deze meningen kun je uiteraard ook op je eigen website gebruiken als reviews, ratings of testimonials (mits met toestemming).

Verleidingsfase

Deze fase loopt soms redelijk over in de oriëntatiefase en is niet altijd hard te scheiden. Dit is de fase waarin consumenten weleens gehoord hebben van je product en nog een duwtje in de rug nodig hebben om tot aanschaf over te gaan

Wanneer je zo confident bent over je product of dienst, kun je natuurlijk ook een gratis versie aanbieden. Vroeger gaven we weleens sales samples of proefmonsters weg. Tegenwoordig bieden we een gratis variant als light variant of een tijdelijk abonnement of gebruiksduur cadeau. Zo kun je Spotify voor een bepaalde duur gratis gebruiken en kun je een proefnummer cadeau krijgen van een online magazine als Entrepeneur. Allemaal in de verwachting dat na het proberen van hun product, mensen aangehaakt blijven en het product blijven gebruiken.

Hoe zorg je voor verleiding. Door informatie te verschaffen, content te produceren, actualiteiten bieden, bezoekers verrassen op de site, vernieuwend te zijn, content te cureren, content met call to action te schrijven en bezoekers te verleiden naar de Checkout. Geef aan wat je USP's zijn,

Bezinkingsfase

Niet altijd wordt deze fase genoemd. Soms hebben producten een aanlooptijd nodig voordat ze worden aangeschaft. Denk maar eens in bij het kopen van een auto of een huis. Of voor sommige personen is het kopen van een laptop toch echt wel een dingetje. Het uitzoeken van alle varianten, specs en formaten.

In deze fase wikken en wegen we de voor-, en nadelen van het product af. Eventueel afgezet tegen andere producten. Het bekende "We slapen er nog een nachtje over na". Een moment waarop soms emotie de overhand neemt "Ach, waarom ook niet, ik heb er hard voor gewerkt" of soms de ratio het besluit neemt "Ja, ik heb het echt die reisverzekering nu nodig, dit is de goedkoopste en heeft werelddekking en morgen ga ik weg naar rondjeazie.nl". Feiten worden op een rijtje gezet en helpen om de knoop door te hakken.

In deze fase kan de website of het digitale kanaal worden bezocht om nog even de feiten te beoordelen. Hoe mooi is het dan als je de bezoeker herkent en hem al gelijk de juiste weg op stuurt.

Transactiefase

Hierin worden producten daadwerkelijk gekocht, wordt de selectie voor de variant van het product, duur van het abonnement of hoeveelheid bepaald en vindt de transactie plaats. Hiervoor gebruiken we onze verkoop/sales funnel. We wisselen het product of dienst uit met onze betalings-, en persoonsgegevens en hebben het product aangeschaft. Essentieel voor dit proces is dat dit soepel verloopt, vertouwen moet geven en veilig afgehandeld wordt. De omzet/marge kan ook een gelezen artikel zijn als dat je doel is. Met andere woorden, het kan ook gaan om een informatie transactie. Maak heldere stappen in het verkoopproces, is de logistiek op orde, is een product wel op voorraad, welke betalingsmogelijkheden biedt je. Is er nog een allerlaatste verleiding nodig door aan te geven wat anderen nog meer kochten of welke combinatie van bestellingen (lees meer-verkoop) door anderen gedaan werd (ook wel referral strategie genoemd). Voor slechts tien euro extra heb je x,y,z.

Kortom, hele belangrijke radartjes om aan te draaien waar later in dit boek nog op teruggekomen wordt.

Gebruiksfase

Wanneer consumenten het product eenmaal gebruiken kun je ze aansporen om reviews, ratings, meningen te geven, of praktijk situaties te tonen. Deze fase leent zich bij uitstek om te leren van het gebruik van je product. Wat vinden gebruikers fijn en wat is voor verbetering vatbaar. Neem dit ook mee in je productontwikkeling en innovatieslagen.

After-service fase

Wanneer een klant tevreden is komt hij terug. Soms loont het om extra voordeel te bieden in termen van financieel voordeel of extra service. Een andere optie is het verleiden tot een complementaire/ aanvullende transactie. Kun je de klant verleiden tot herhaalaankoop, dat zou al heel mooi zijn. Kun je een klant verleiden om de voordelen uit te leggen waardoor hij/zij net de duurdere variant aanschaft of langer lid blijft. Upsell en Cross-sell is in deze fase bedoeld om de transactiefase opnieuw in te gaan. Zo kun je bezoekers verleiden om een abonnement te verlengen, accessoires aan te schaffen of niet voor de Ford Fiesta maar voor de Ford Focus te gaan.

After-service is dus voor loyaliteit en behoud. Zorg na de bedankpagina voor dat je geen cognitieve dissonantie krijgt. Iemand die na de aanschaf spijt krijgt. Het product heeft zich anders voorgedaan dan dat in werkelijkheid is. Wie herkent het niet, de smeuïge pizza op de verpakking en de kleffe handel die uit jouw oven komt. Nee, dit ligt echt niet aan jouw oven....

Vertel wat het product ook daadwerkelijk is. Soms is net dat stapje extra, zoals het aanbieden van een cadeautje na de verkoop of een andere verrassing te bieden wat uiteraard in verhouding staat tot het aangeschafte, net genoeg om blij te worden van je product of dienst.

Vraag ook gewoon of iemand tevreden is. Of dit nu via een enquête is of het bekijken van de gebruiksstatistieken (indien mogelijk) of het lezen van de reviews. Sluit je ogen niet als eenmaal de transactie is gesloten. After-service emails worden over het algemeen erg gewaardeerd.

En op deze manier begint de funnel weer opnieuw. Om deze funnel een continue cyclus te laten zijn, introduceren we de learning loop.

Hoofdstuk 12 - De Learning Loop

De Learning Loop gebruik ik om te continue verbeterproces te illustreren. Ik ben van mening dat een product nooit af is en structureel verbetert dient te worden. Hiermee blijf je toegevoegde waarde creëren aan een product en innovatie slagkracht toevoegen waardoor je de concurrentie steeds net dat ene stapje voor bent.

Het proces hoort ook bij iteratief werken in tegenstelling tot de waterfall methode. Agile of Scrum projectmanagement is hierbij de meest geschikte werkwijze. De meningen van de Prince II gecertificeerde projectmanagement geleerden zijn hierbij verdeeld. In mijn beleving is in de wereld waarin we nu leven, de toekomst nauwelijks te voorspellen en kunnen we het ons simpelweg niet permitteren voor alles een programma van een paar jaar op te stellen die voor 100 procent vast staat. De stip op de horizon kan slechts richtinggevend zijn. Concurrentie is nu eenmaal moordend, producten zijn makkelijk te kopiëren en content is eenvoudig te dupliceren. Om door te kunnen blijven excellereren moet je een unieke propositie blijven hebben of steeds verder gaan in productinnovatie of service verbetering. Heb in ieder geval de intentie het beste met je klant voor om een zo goed mogelijk product in een umfeld te bieden.

Het umfeld is transparant en wordt alleen maar versterkt door de crowd. *Wijsheid ligt op straat.* Ideeën worden niet alleen intern aangedragen, maar ook door de community. Co-creatie is geen nieuwe term, maar vergt veel van de manier van werken binnen je organisatie. Wat ga je met al die input doen, hoe koppel je dit terug, hoe combineer je dit met de expertise dat je in huis hebt en hoe snel kun je innoveren.

Figuur van de learning loop

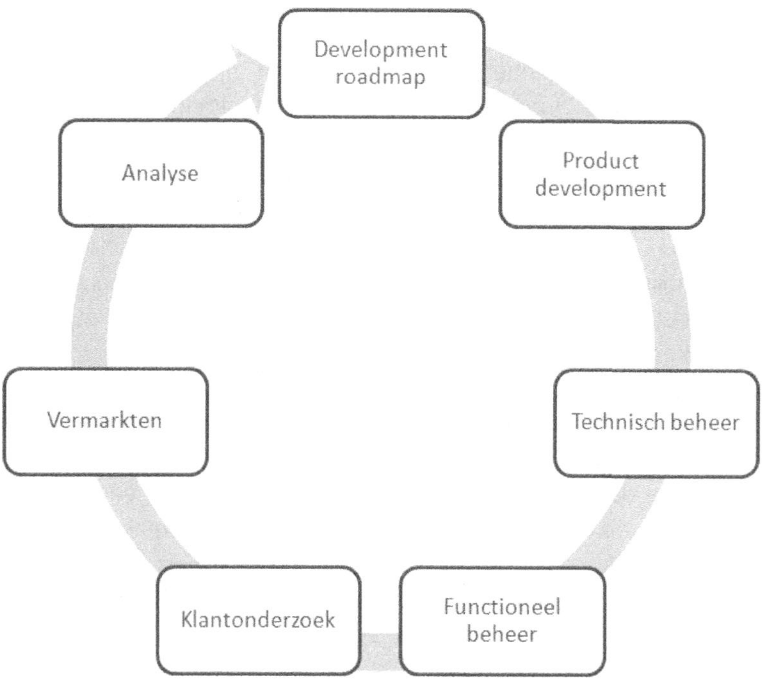

Ik sta daarom stil bij de verschillende onderdelen van de learning loop en hoe je dit naar mijn mening het beste zou kunnen inzetten binnen je werkprocessen. Dit is geschreven vanuit een internet perspectief en zou met enige aanpassingen ook van toepassing kunnen zijn in andere werkterreinen.

Development roadmap

Resourcing in zowel FTE als lijnbudget is essentieel om te kunnen doorontwikkelen. Bij sommige organisaties heet dit innovatiebudget, bij anderen is het opgenomen in lijnbudgetten. Zijn er mensen ingepland om aan productdevelopment te werken. Heb je hier zowel tijd als budget voor vrijgemaakt.

Product development

In deze stap werk je toe naar de totstandkoming van je product. Dit kan in eerste instantie een BETA release zijn en indien het zijn tweede "rondje" maakt, kan het een productinnovatie zijn. Maak gebruik van de verschillende expertises die in huis aanwezig zijn. Is er iemand bij betrokken uit alle kanalen die contact heeft met de eindgebruiker, is er iemand van Research & Development bij betrokken, is er een User Experience designer, een kanaal analist (site analist of category manager), iemand vanuit de technische kant (architect, ontwikkelaar, beheerder) en iemand vanuit de eBusiness betrokken. Betrek zoveel mogelijk input vanuit verschillende vakdisciplines om de juiste doorontwikkeling te kunnen doorvoeren. Bij wat grotere bedrijven wordt dit door een (technische) projectleider opgepakt en ondersteund door een requirements analist die de feitelijkheden en scope bewaakt. Welke verbeteringen voer je in welk stadium en in welke volgorde door. Maak gebruik van de MOSCOW methode. Wat MOET je aanpassen (oftewel, waar stroomt bloed uit als je het niet doet) en wat is NICE TO HAVE om aan te passen (oftewel, is niet echt belangrijk, maar een aardige bijkomstigheid).

Technisch beheer: Change en incident management

Het technisch in de lucht houden van het product. Dat houdt in dat een site of app technisch draait en doet wat je van hem verwacht. We onderscheiden change en incident management waarbij changes bedoeld zijn om ad hoc aanpassingen te kunnen doen en incidenten met name voorkomen wanneer kritische verstoringen de live situatie beperken en de app of site niet meer werkt. Er is iets met de applicatie, de verbinding, de hosting, de data, etc. In vele SLA's die worden afgesloten met technische partijen is standaard onderdeel van de discussie wat nu bedoeld wordt onder het wel of niet werken van een site of app of connected service. Wanneer ligt een applicatie eruit of wat als er een hick-up is. Wat is het plan, wie wordt geïnformeerd en wanneer is het opgelost. Change en incident management zijn onderhevig aan Murphy's law. Het zijn vaak de meest ongunstige momenten. Erg fijn altijd dat incidenten op de meest onwensbare tijdstippen voorkomen; wanneer je net iets nieuws lanceert of op het moment van de dag dat de meeste verkopen plaatsvinden of juist in het weekend wanneer het heerlijk weer is. Het is alsof de duvel ermee speelt. En dat is ook de charme van het vak.

Functioneel beheer

Producten verkopen of informatie bieden als service (denk aan nieuwsportals, magazines, bladen, tv stations) vergt functioneel onderhoud. Afhankelijk van je tak van sport vallen hier verschillende dingen onder. Het doorvoeren van prijsaanpassingen, het actualiseren van je content, het beantwoorden van vragen, orderstatus bijwerken, producten op- en afvoeren.

Klantonderzoek

Voordat je gaat innoveren is het uit de vele praktijkcases gebleken dat het handig is om een extra sanity check te doen bij klanten. Je kunt via een entry exit poll vragen stellen, een usability onderzoek houden, multivariaat of A/B gaan testen, een klantenpanel gebruiken om meer te weten te komen over je product of dienst. Er zijn talrijke varianten hierop te beschikbaar. Bovendien is het vanuit een User Centered Design principe, de meest essentiële stap binnen de learning loop. Jij kunt een productfeature of nieuwsartikel nog zo belangrijk vinden. Als de klant het niet "mot" en het niet begrijpt, dan kun je het wel vergeten.

Vermarkten

Advertising of appvertising geeft aan dat je er wat voor moet doen om een product op de markt te zetten. Wat is je marketingstrategie, welke externe middelen gebruik je (bought media) om het product te vermarkten. Het vermarkten kan zich typeren in twee categorieën. De branding categorie en de sales categorie. Je hebt ze allebei nodig. Bij branding campagnes geef je het verhaal van je product weer. Waarom bieden jullie dat product en wat kun je ermee, welk probleem lost het op. Deze categorie heb je nodig om awareness te creëren. Men is er nog niet mee bekend, heeft nog nooit van je merk gehoord en weet al helemaal niet welk product of dienst ze zou kunnen associëren.

De transactie of sales categorie benadrukt de verkoop van product of dienst. Hierin schiet je minder met hagel, maar ga je gericht op zoek naar potentiële klanten. Of dit nu via een gerichte Adwords campagne is met strakke CPO's, of CPC's, of dat dit nu via een behavioral targeting campagne is.

Analysefase

Hoewel analyseren soms wel verward wordt met monitoring (goh, laten we even naar de cijfers kijken of de boel nog wel in de lucht is), terwijl analyseren een veel bredere tak van sport is. Via webanalisten.nl worden regelmatig goede cases behandeld en krijg je vakinhoudelijk een uitgebreid beeld van de breedte van het vakgebied.

De kunst van het analyseren is de juiste dwarsdoorsnede te maken van informatie die voor de ontvanger relevant is. De perfecte analist ziet verbanden tussen data die anderen niet zien. Sterker nog, analyse is leuk, concrete aanbevelingen zijn veel relevanter. Wat kun je uit de app-reviews halen, wat zegt het sitebezoek je, waar in de funnel haken mensen af en wat zijn je slechts converterende pagina's of wat zijn je pagina's met de meeste trackbacks of verwijzende bronnen.

Analyse is meer dan een cijferanalyse. Bij deze introduceer ik nog twee andere vormen van analyse: gedragsanalyse en klantanalyse.

Gedragsanalyse is het volgen van het gedrag in je digitale kanaal

(liefst nog, indien mogelijk, gecombineerd met offline kanalen als winkels, contact center). Welke stappen doorloopt hij, wat wordt gewaardeerd, waar vindt de hoogste bouncerate plaats. Hoe verplaatst iemand zich tussen je winkelschappen. Pakt hij producten op, legt hij ze neer, stelt hij vragen aan het winkelpersoneel, geeft hij kritiek, raakt hij in gesprek met andere klanten. Dit gedrag is onderdeel van de customer touchpoints en laat de user journey zien die iemand aflegt.

Klantanalyse is het volgen van de klanten in je digitale kanaal.

Een belangrijke bron, naast je statistische analyse data, is gebruikersonderzoek of usability studie. Bekijk het connected kanaal door de ooghare van een klant, wat zie je, is de screenflow logisch, weet iemand waar hij zich bevindt, is het duidelijk welke taak er van hem verwacht wordt. Juist de combinatie van deze twee expertises maakt de analysefase zo waardevol. Klantanalyse gaat nog een stap verder. Wat is het aankoopgedrag, of is iemand forever een potentiële klant en maar niet over de streep te trekken. Of is je bezoeker een herhaal aankoper en mogelijk in de running voor het derde artikel in twee maanden. Stel je in de analysefase ook af wat het profiel van je bezoeker is. Welke elementen is hij vatbaar voor. Wat vindt een typische klant van je nu wel en niet prettig.

Kortom, de analysefase biedt voldoende stof tot nadenken en concrete verbeteracties die je weer in de volgende stap van je learning loop kunt verwerken.

De verschillende stappen in de learning loop kunnen verschillen in doorlooptijd. Dat houdt in dat je soms snelle cycli hebt en andere zijn wat langduriger. Dat verschilt per product en per bedrijf. Deze manier van werken is idealiter door het hele bedrijf toegepast. Hiermee creëer je het samenwerkingsgevoel waarbij iedereen in de organisatie aan een hoger liggend doel meewerkt. Wanneer het ontwikkelteam bezig is met het verwerken van de vorige productverbeteringen, is de analyse groep alweer bezig met de nieuwe iteratieslag en is de communicatie afdeling bezig om traffic te genereren naar de kanalen en het merkverhaal lading aan het geven. De productmarketing afdeling verbetert de service of de kwaliteit van het product en maakt benchmark analyses en in overleg met de category of yield afdeling wordt de inkoop en productselectie gedaan om een optimale mix te vinden in de verkopen en behoeften van de klanten.

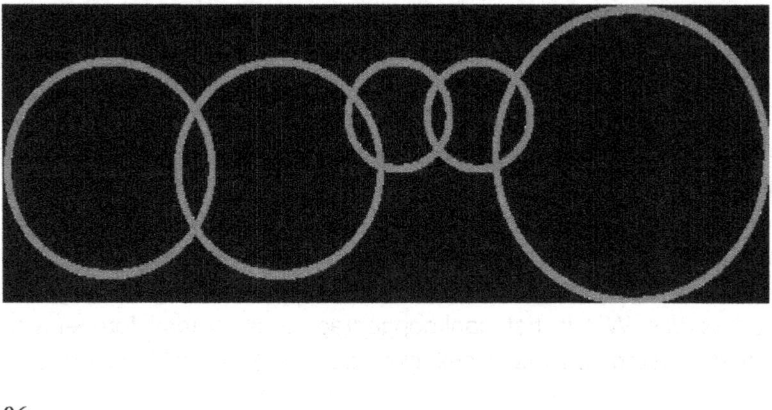

Dit hoger liggend doel moet worden gestipt aan een horizon. Voordeel hiervan is dat de innovatie slagkracht continue op scherp staat en je steeds een stap verder kunt doorontwikkelen dan je concurrent.

De stip op de horizon

Een stip op de horizon kan verschillende vormen aannemen. Zo kan een stip vooral bedoeld zijn om naar een ideaal product toe te werken met alle mogelijk denkbare features erop en eraan. Of het kan zijn waarbij je werkt naar een zo efficiënt mogelijk werkproces of een zo goed mogelijke dienst voor de klant. Iedere afdeling kan zijn eigen stip ten gunste van het grotere geheel bepalen zolang het maar in elkaars verlengde ligt en op elkaar is afgestemd.

Horizonten zijn bedoeld als ijkpunt. Een wat langere horizon is over het algemeen wat abstracter omdat er vaak meerdere iteraties aan te pas komen om ernaartoe te werken.

Als het goed is heb je ijkpunten ingepland om per stap toe te werken naar de betreffende horizon en worden er business reviews ingepland om de stand van zaken door te nemen. Lopen we nog op koers, zijn er meevallers of uitdagingen.

Om te voorkomen dat het hogere doel niet een visie is dat in de onderste lade terecht komt, is het goed om tastbare updates te geven zodat het gehele bedrijf of afdeling de verschillende stappen kunnen evalueren. Geef ook kleine successen een moment om even bij stil te staan. Successen moet je vieren. Al is het met een klein borreltje of een presentje. Iedereen draagt zijn steentje bij en werkt kneiterhard aan de doelstellingen.

Wat maakt nu een goede roadmap:

Maak hem "rolling". Oftewel, stuur hem ieder kwartaal obv de laatste inzichten bij.
Maak hem concreet
Wie is voor welk project of onderdeel verantwoordelijk
Maak de doelstellingen uiteraard SMART
Maak de verhoudingen tussen de projecten inzichtelijk
Hou hem actueel; projecten die niet doorgaan, schrap van de lijst
Maak een "backmap". De roadmap van de afgelopen tijd. Niets is zo makkelijk om te vergeten wat we vorig jaar ook alweer gedaan hebben
Hou een backlog bij; welke highlights wil je bijhouden.
Voeg externe gebeurtenissen in de backlog toe (was er een crisis, kwam een concurrent, was er een grondstof niet beschikbaar)

Wat ik eerder al schreef is dat hoe verder je vooruit kijkt, hoe grofmaziger de roadmap zou moeten zijn. Draagt het bij aan je merkpropositie of business doelstellingen. De concretisering zit hem in de forecast naar de komende 12 maanden. Dit heeft uiteraard ook met budgettering en Financial forecasting mee van doen. Plan daarom niet te ver vooruit. De wereld verandert hier simpelweg te snel voor. Concurrenten schieten als paddenstoelen uit de lucht. Zekerheid bestaat niet.

Hoofdstuk 13 - Content strategie

Er circuleren vele verschillende content strategieën rond. Helaas voor al die andere partijen, er is er maar één de juiste: en dat is deze...

Een content strategie is het cureren van content waardoor dit een toegevoegde waarde is in je verkoopproces.

Klinkt heel zwaar, alleen dat is het niet. Content inspireert de bezoeker. Content komt tot zijn best als het voldoet aan de drie assen: Content is pas van toegevoegde waarde als het: **Contextueel** relevant is, **Tijdsgebonden** is en **Persoonlijk Relevant**.

Let op: het hoeft niet altijd een call to action te bevatten of als doelstelling zijn dat er producten verkocht moeten worden. Content kan ook de reden van bestaan zijn en een reden waarom bezoekers je app gebruiken of naar je site toe gaan.

Content strategie – device keuze

Schrijf je nu voor het traditionele internet kanaal, browser onafhankelijk, of juist geoptimaliseerd voor een mobieltje of toch voor een tablet. Het antwoord op deze vraag is om te schrijven met in gedachte waar en wanneer dit gelezen wordt. Je kunt onmogelijk zo flexibel schrijven dat het op ieder device te lezen valt. Moet je dan je producten gaan optimaliseren voor iedere tablet apart. De meeste websites zijn geoptimaliseerd voor een bepaalde schermgrootte of type device. Het ligt niet alleen aan de informatie die je over de bühne wilt brengen, maar ook aan de interactie met de gebruiker. Welke mogelijkheden biedt het device, is het scrollbaar of gebruik je juist vingerbewegingen om content te lezen. Met de informatie uit een app wordt op een andere manier omgegaan dan op een traditionele website. Een tablet heb je over het algemeen thuis op de bank voor je snufferd en dat leest toch anders.

Ander element van het device is de manier waarop content gedeeld wordt. Kan naar een product of artikel verwezen worden, wordt het gelezen vanuit bv Flipboard of een RSS feed of vanuit een doorgestuurde email. Je weet niet hoe content wordt verspreid, dan wel wordt gelezen. Dus helemaal hierop inspelen is onmogelijk. Een overweging die je kunt maken is door jezelf af te vragen hoe een artikel er als retweet of als Facebook bericht of in een RSS reader eruit ziet. Welke afbeelding wordt gekozen, welke preview tekst wordt meegezonden.

Content strategie – toegevoegde waarde

Heel vaak wordt content hergebruikt. Wordt er net dat beetje informatie aan toegevoegd en weer verder verspreid. Berichten komen vaak in vele verschillende gedaantes terug. Net vanuit een andere invalshoek, net met die ene aanvulling. Omdat er zoveel informatie beschikbaar is, is het juist belangrijk om uniek te zijn. Sommige nieuwsbronnen proberen zoveel mogelijk berichten te verspreiden en gaan niet in op de kwaliteit of de achtergrond van informatie, maar om de kwantiteit. Het heeft geen zin om een Twitterbericht vier of vijf keer te herhalen. Wanneer het zijn doel niet bereikt heeft, dan heb je of een verkeerde timing gekozen, of niet het juiste bericht verspreid.

Maak content uniek. Zorg voor de toegevoegde waarde. Creëer inzichten of leg content uit. Verrijk de content met video, beeld, geluid, quotes, artikelen, reviews, infographics, white papers, interviews, etc. Wanneer content uit productinformatie bestaat, zorg dan dat helder is wat het product doet, waar het voor geschikt is en welk probleem het oplost. Eventueel aangevuld met welke additionele producten te verkrijgen zijn. Informatieve content kunnen een toegevoegde waarde bieden en zelfs zo waardevol zijn dat er markt voor is om dit betaald weg te zetten. Dankzij de opkomst van apps bestaat er weer een markt die wilt betalen voor content. Mits het echt van toegevoegde waarde is.

Content strategie – verschuiving van Publicaties naar Streams

De traditionele uitgeverijen denken traditioneel gezien in termen van publiceren. Reden? Er wordt gepubliceerd richting de oplevering van een nieuwe druk. Het kan een boek zijn of een magazine of een editie van een krant. Een editie wordt opgemaakt, uitgewerkt, geredigeerd en in een logische volgorde of scene geplaatst. Door de continue informatie consumptie, wordt informatie vluchtig gelezen. Denk aan de korte berichten via Facebook, MSN of Twitter, Headlines van nieuwsbronnen zoals NU, Iphoneclub of Frankwatching, wordt nieuws veelvuldig geüpdate. Tegenstanders van deze trend noemen dit de verloedering van het vak. Informatie mist diepgang, staat bol van spelfouten en achtergrond informatie ontbreekt. Voorstanders roemen de actualiteit, de scanbaarheid en het effe snel weer op de hoogte zijn van wat er speelt. In mijn beleving moet je het per situatie inschatten wat gewenst is. Een echte nieuwsportal heeft omloopsnelheid nodig, terwijl wat meer wetenschappelijke of vakinhoudelijke bronnen juist gewaardeerd worden om het leggen van verbanden, de diepgaande interviews of uitgezochte waarheden die omschreven worden.

Belangrijkste punt wat ik hier wil maken is dat het gepubliceerd denken iets ouderwets is. Heb je iets te melden, doe dat gewoon. Wacht niet op een momentum of uitgave. Wees voorbereid op de continue informatiestream. Wees er echter wel van bewust dat wat je te melden hebt, ook waarde toevoegt. Heb je niets te melden? Ook goed. Mijn vorige CEO beweerde altijd dat nieuws echt wel te maken is. Afijn, dat is perceptie. In mijn eigen twitterstream @guidogihaux ben ik nauwelijks aan het cureren en heb ik als doel relevante user experience vakinformatie op te speuren en te delen met mijn followers. Zo nu en dan volgt er wel een achtergrond artikel, maar mijn toegevoegde waarde is dat vakgenoten niet meer het web speciaal hoeven rond te neuzen.

Content strategie – nieuws of geen nieuws

Informatie is nog geen nieuws. Wanneer actualiteit een cruciaal onderdeel is van de content, dan is het pas nieuws. En definieer dan maar eens actualiteit. Een bericht van twee jaar geleden. Is dat nog steeds actueel?

Online (zowel mobiel als traditioneel) is hét kanaal om content snel te verspreiden en daarom hét kanaal voor nieuws. Het tv kanaal, radio, kranten, magazines zijn op hun manier weer erg goed in het verspreiden van nieuws of achtergronden op het nieuws. Nieuws hoeft niet persé vanuit bedrijven te komen. Nieuws kan ook ontstaan vanuit de crowd. Juist vanuit de crowd. In een gesprek, interview of onderlinge conversatie kunnen ook nieuwsfeiten worden gedeeld.

Het tijdsgebonden karakter van nieuws maakt dat je site of app interessant wordt om herhaaldelijk te bezoeken. Ga echter geen nieuws maken enkel en alleen om nieuws te willen brengen. Een geforceerd nieuwsbericht kan tegen je werken. Je kunt uiteraard wel nieuws opknippen in stukken die per onderdeel apart worden toegelicht. Het kan zijn dat soms teveel nieuws naar buiten gebracht wordt en het daarmee niet meer behapbaar is.

Contentstrategie – een paar uitgangspunten

Deze uitgangspunten zijn onlangs verschenen op mijn blog Gihaux.com en zijn afgeleid van waar je nu rekening mee moet houden als je het hebt over content.

- ✓ *Content voldoet aan SEO (Zoekmachine optimalisatie) richtlijnen*
- ✓ *Content is uniek, indrukwekkend, interessant*
- ✓ *Content voldoet aan de corporate afgesproken Schrijfwijze*
- ✓ *Content is getoetst aan de behoefte van de persona's*
- ✓ *Content is kort en actief geformuleerd*
- ✓ *Content biedt bewust wel/geen mogelijkheid tot reageren*
- ✓ *Content biedt bewust wel/geen mogelijkheid voor Forum*
- ✓ *Content biedt bewust wel/geen mogelijkheid voor integratie met sociale media*
- ✓ *Content is geschreven vanuit klantperspectief en niet vanuit jargon*
- ✓ *Content geeft antwoord op klantvragen (en FAQ)*
- ✓ *Content is gericht op selfservice en ondersteunt andere kanalen*
- ✓ *Afbeeldingen zijn ondersteunend*
- ✓ *Typografie is helder en consistent*
- ✓ *Advertenties zijn ondersteunend en niet verwarrend*
- ✓ *Content is gebaseerd op een content-plan*
- ✓ *Content is geschreven vanuit de doelgroep en spreekt hen ook aan*
- ✓ *Content is de kunst van het weglaten*

Mythe: content moet actueel zijn

Zoals al eerder omschreven. De mythe dat content altijd actueel moet zijn, klopt niet. Content is iets anders dan nieuws. Content kan best 4 jaar oud zijn. Zolang het maar gevalideerd is en klopt met wat er staat. Waarom zou je namelijk je algemene voorwaarden steeds moeten updaten. De reden dat deze voorwaarden op je site staan is omdat bezoekers bijvoorbeeld willen weten wat de retourpolicy is van producten of diensten. Dat betekent dat de algemene voorwaarden ook gebruikt moeten kunnen worden om informatie eruit te halen.

Mythe: content moet SEO geoptimaliseerd zijn

Goede SEO is belangrijk. Dat staat buiten kijf. Alleen wordt content te vaak primair voor SEO doeleinden geschreven. Waarom: om zo hoog mogelijk in de zoekresultaten terug te komen. Neemt niet weg dat je content er dan een beetje geforceerd uit kan zien. Snapt de bezoeker het nog?

Schrijf altijd met het idee dat je iets voor de klant wilt betekenen. Wees zelf geïnspireerd met wat je vertelt. Dat komt ten goede aan de leesbaarheid van je content. Wanneer je vanuit je expertise schrijft en duidelijk kunt aangeven wat je ermee wilt bereiken, dan komen de bezoekers met een beetje hulp en doorzettingsvermogen vanzelf.

De gedachte erachter is heel eenvoudig; zodra je interessante content plaatst en je in de huid van de bezoeker verplaatst, wordt er doorverwezen naar je content of worden er delen van gebruikt en doorgeplaatst of commentaar (zowel positief als negatief) op gegeven. Al deze elementen; linkbuilding, reviews/comments, sharing, wordt positief meegewogen door de zoekmachines. Terugredenerend; als veel andere bronnen verwijzen naar je content, doe je klaarblijkelijk iets dat goed is. Als er veel over je gesproken wordt, is de content blijkbaar interessant. Of als er veel meningen gegeven worden, beschik je over een nog grotere bak aan unieke content wat weer prettige gevolgen heeft voor je ranking. Bovendien wordt content door de gebruikers altijd in gebruikerstaal geschreven.

Dit wil niet zeggen dat je de SEO trucjes niet moet toepassen. Uiteraard helpt de url constructie, het taggen van je artikel, het werken met H1,H2 en H3 tags. Laat het alleen niet het enige doel zijn.

Mythe: Content moet in alle vormen altijd beschikbaar zijn

Dit verschilt per persoon. Sommige individuen zijn erg goed in het schrijven van teksten. Anderen zijn weer veel beter met het filmen van iets. Een blogger heeft niet dezelfde kwaliteiten als een Twitteraar of als iemand die graag op een podium of voor de groep staat en presenteert. Doe wat je het beste ligt. Ben je meer van de korte stukken schrijven en highlights destilleren, schrijf dan geen ellenlange rapporten die de snelheid er uit halen. Wanneer je als fotograaf het beste je verhaal kunt vertellen met foto's, ga dan geen audioboek opnemen. Maak bewuste keuzes voor de vorm. Kies uit het illustreren aan de hand van een infographic, of vanuit een White Paper, een Slideshare presentatie, of via Audible.com. Doe wat je fijn vindt en waar je je prettig bij voelt.

Een andere graadmeter is om te begrijpen waar de lezer op zit te wachten. Wanneer je doelgroep drukbezette hogere management bezoekers zijn, hou het dan kort en bondig en leg de verbanden. Je meerwaarde bestaat uit de hoeveelheid problemen die je voor anderen oplost of de hoeveelheid vragen die je beantwoord.

Content strategie – contentplan

Veel bedrijven hebben een contentplan. Waarom? Heel verklaarbaar. Wanneer je namelijk in het wilde weg gaat schrijven, werkt dat toch wat verwarrend voor de bezoeker. Bovendien zorgt een ritmiek voor herkenning en dat is nu de kracht van herhaling. Wacht even; da's een complexe zin. Doordat je iedere maandag schrijft over de technische kant of iedere dinsdag het hebt over de marktontwikkelingen, gaan bezoekers ook deze maandag of dinsdag bepaalde content verwachten. Hoe fijn is het dat je iedere dinsdag de Transavia nieuwsbrief op de digitale deurmat valt. Bezoekers denken in patronen, vinden herkenning fijn. Zien dat als comfort zone. Als er gezette tijden zijn waarop je publiceert, dan gaan bezoekers die gezette tijden gebruiken om even naar je site te kijken. Als je dit maar vaak genoeg herhaalt, komt er een gewoonte uit voort dat met als gevolg dat bezoekers herhaaldelijk komen.

Een voorbeeld van een contentplan (op weekbasis) van een Kookclub

Maandag – Italiaanse recepten
Dinsdag – koken voor 2 personen
Woensdag – snelle maaltijden
Donderdag – laatste info over keuken apparatuur
Vrijdag – ingezonden recepten en meningen over receptuur
Zaterdag – uitgebreid koken voor in het weekend
Zondag – vette hap

Waar haal je nu inspiratie vandaan voor je content. Inspiratie krijg je door de dialoog aan te gaan. Door met mensen over het onderwerp te praten. Door te zien waar er over gesproken wordt. Door in te haken op onderwerpen die anderen hebben aangekaart of door simpelweg deze onderwerpen te retweeten, te quoten. Vraag je publiek waar ze willen dat je over gaat schrijven, ga af en toe off-topic, laat gastbloggers iets vertellen of geef interviews. Zijn er best practises om over te praten, nieuwigheden, achtergrond informatie op het nieuws of verdiepingsslagen. Cureer content en geef je mening over anderen of prikkel met een stelling. Schrijf een review als expert en laat daarop reageren, probeert de grote trends te pakken en verbind trends met elkaar.

Hoofdstuk 14 – Wat ik verder nog kwijt wil

F-commerce

Facebook heeft zich ondertussen bewezen als e-commerce platform. Een platform waar serieus geld aan te verdienen valt en waar menig gegeven Een Like is niet slechts bedoeld als brandingsprincipe. Hoe zorg je er nu voor dat je Facebook Like een call to action verzorgt waar je zo op zit te wachten.

- ✓ *Geef aan voor de bezoekers waarom het zo belangrijk is om zich als Fan aan je te binden.*
- ✓ *Bied exclusieve content*
- ✓ *Geef als eerste het nieuws door*
- ✓ *Laat unieke producten zien*
- ✓ *Raak de persoonlijke portemonnee geef platte financiële voordeel*
- ✓ *Extra service speciaal voor members*
- ✓ *Eeet hoe een SHARE (een gedeeld stukje content) eruit ziet op een ander site, of bijvoorbeeld op Flipboard*
- ✓ *Stimuleer om een SHARE te posten. (bv met een Share button)*
- ✓ *Stimuleer anderen om een reactie te geven*
- ✓ *Geef antwoord op vragen van bezoekers*
- ✓ *Geef een kijkje in de keuken of behind de scenes*
- ✓ *Vertel achtergrond informatie*
- ✓ *Vraag om interactie door foto's in te laten sturen, meningen te geven of Fans van de week te creëren.*

Hoe creëer je fans op je Facebook pagina's

Het lijkt soms wel een doel op zich. De macht van de grote aantallen blijkt uit het behalen van zoveel mogelijk fans, followers, +1 Google fans. Het moet geen doel op zich zijn. De bakker om de hoek hoeft echt niet vier miljoen followers te halen. Net zo min als dat de Miss Etam dat hoeft te hebben of een Cetabever label. Het gaat om de echte fans. De ambassadeurs van je merk. Ambassadeurs die eventueel anderen helpen met het beantwoorden van vragen. Zo kan een tuinman veel meer hebben aan tien fans die als referentie willen fungeren voor nieuwe klanten die even willen checken hoe de tuinman gewerkt heeft. Hieronder daarom een aantal trucjes om meer Fans te creëren.

- ✓ *Heb een creatieve TAB. Wees uniek*
- ✓ *Attendeer Nieuwsbrief lezers op de Facebook pagina*
- ✓ *Maak een uitdagende welkomstpagina*
- ✓ *Blijf binnen de Facebook omgeving linken en ga niet per definitie naar je eigen site*
- ✓ *Update niet om te updaten. Een specifiek aantal updates per dag of week is niet te noemen. Zo lang je relevant bent.*
- ✓ *Integreer op je eigen platform de Facebook Like functionaliteit*
- ✓ *Integreer de Facebook Comment functionaliteit*
- ✓ *Laat fans foto's taggen zodat je een sneeuwbal effect krijgt*
- ✓ *Toon Facebook als placeholder in de winkel*
- ✓ *Maak een combilink naar Twitter en andere persoonlijke profielen*
- ✓ *Laat bezoekers direct op de Facebook pagina producten kopen*
- ✓ *Maak bezoekers onderdeel van de Facebook pagina door foto's of video's te laten uploaden*

Best Practises voor gebruik van QR codes

QR codes zijn een soort streepjescode die meer informatie kan bevatten en veelal gescand worden via mobiele telefoons. Stel eerst de vraag of jouw publiek wel in de markt is voor QR codes. Doordat grote merken steeds meer gebruik maken van deze methode winnen QR codes snel aan populariteit. Hoe zet je nu zo'n QR code in. Wanneer je je dit afvraagt is het goed om na te denken over de doelstellingen. Waarom wil je een QR code gebruiken. Blackberry gebruikt het om zijn messenger vrienden eenvoudiger te verspreiden, veel retailers gebruiken het om de contactmogelijkheden online uit te nutten en soms om specials mee te promoten. Op evenementen wordt het gebruikt om acties en promoties te verspreiden.

Ga vooral geen QR code gebruiken om plat naar je homepage te verwijzen. Heb er altijd een duidelijke call-to-action bij. Bezoekers weten niet wat er van hen verwacht wordt en gaan dan weg. Maak bijvoorbeeld www.laptopshop.nl/qr aan als link en beloon bezoekers met een korting van 5 euro op een mobiele telefoon or whatever.

Plaats QR code op plekken die makkelijk zichtbaar zijn en waar het eenvoudig is om te scannen. Dit kunnen billboards, magazines, brochures, evenementen, voordeuren van winkels, of outdoor advertisings zijn.

Omdat QR codes gescand worden met de mobiele telefoon, kun je de pagina waar men op land het best optimaliseren voor een klein scherm, de contactgegevens makkelijk in de adresboek laten opslaan of de route naar een bestemming simpel te plannen.

Ga vooral niet veel verwijzingen plaatsen naar allerlei onderdelen van je site. Dit werkt verwarrend. Maak het ook voor minder tech-savvy personen beschikbaar door bv een SMS mogelijkheid in te bouwen

Een paar ideeën waar je QR codes voor kunt gebruiken.

- ✓ *Als routebeschrijving om ergens naar toe te gaan*
- ✓ *Om speciale aanbiedingen/coupons onder de aandacht te brengen*
- ✓ *Om extra informatie over een product/dienst te geven*
- ✓ *Als direct marketing respons op een advertentie*
- ✓ *Als onderdeel voor je e-ticket verkoop*
- ✓ *Bij het bieden van after sales service*

Content – business mogelijkheden

Content is een goede drijfveer om bezoekers te trekken. Content kan echter ook een bron van inkomsten zijn. Wees een inspirator, verleid bezoekers tot actie, geef bezoekers aanleiding ergens over na te denken, laat bezoekers participeren. Content kan verschillende gedaantes aannemen.

How-to content: Laat de werking van het product of dienst zien. Geef product details of laat me screenshots de onderdelen of praktijksituatie van een product of dienst zien.

Casuïstiek: Deel verhalen van gebruikers die met het product werken of een dienst afnemen.

Expert Interviews: Wanneer experts aan het woord zijn kan op een andere manier een product of dienst worden toegelicht. Dit kunnen zowel ambassadeurs als medewerkers zijn. De informatie hieruit is vaak oprecht en geschreven vanuit een gebruiksperspectief.

The Guardian.co.uk heeft tijdens de Tsunami in Japan (maart 2011) verslag uitgebracht door niet alleen informatie te geven, maar informatie samen te brengen. Bloggers ter plaatse zochten Twitterstreams af op zoek naar de laatste weetjes. Experts brachten verbanden in kaart, lokale Flickr foto's van Japanners werden geplaatst en becommentarieert door journalisten van The Guardian. Updates werden op een tijdslijn gezet. Kortom, er werd content gecureerd. Google bracht een platform waarbij overlevenden een bericht achter konden laten en zich levend konden verklaren. Nieuws werd hiermee uniek en de moeite waard om te bezoeken. Nu is dit wel een extreem geval, maar schaal het naar beneden en bedenk hoe jij de informatie kunt cureren. Van wekelijkse markten tot huizenmakelaars. Breng het interessantste nieuws en voeg waarde toe. Nieuws wordt graag geconsumeerd en gedeeld. Zolang het maar actueel, herbruikbaar en in begrijpelijke taal geschreven is. Hieronder een aantal varianten van contentproductie.

Een variant van content publiceren is Bloggen: bloggen kun je gebruiken om een kijkje achter de schermen te geven. Het verhaal waar je mee bezig bent, behandel vragen of concepten die je nog even voor wilt leggen aan anderen. Waar hou je je als bedrijf mee bezig, welke inzichten op de markt zie je.

Schrijf een Manifest: door helder te zijn over je uitgangspunten en idealen of richtlijnen waarlangs je werkt, kan een manifest helpen om mee de markt op te gaan.

Infographic: erg populair de laatste paar jaar. Het geeft een beeld voor visueel ingestelde mensen om een wat complexer verhaal te vertellen en uit te leggen.

Whitepaper: schrijf een white paper om achtergrond informatie te geven en wat nadere toelichting.

Zorg dat het gesprek op gang gebracht wordt. Dat er over je gesproken wordt dat je naam geldt. Hoe mooi zou het zijn als consumenten opscheppen over je producten. Breng soms verhalen in het leven zodat er over je gesproken wordt. Nieuws kun je maken. Nieuws hoeft niet altijd state-of-the-art te zijn. Nieuws kan ook versnipperd naar buiten gebracht worden. Zorg alleen dat je altijd de waarheid vertelt en niet een dusdanige draai in je verhaal maakt dat je tijd van je bezoekers verdoet.

Wat moet je vooral **niet** doen als je goed gevonden wilt worden in zoekmachineland? Juistem dat is overdrijven. Herhaaldelijk termen noemen. Bv "Ecommerce manager Guido Gihaux, met ervaring op het Ecommerce gebied, geeft Ecommerce een stimulans door een Ecommerce boek te schrijven." Of een pagina ophemelen en een grote teleurstelling veroorzaken. Lege en kale pagina's zonder interessante content zijn leuk voor vulling van het web, maar voor een gebruiker des te frustrerender.

Wat je gewoon moet doen is proberen iets bij te dragen voor de gebruiker. Wind er geen doekjes omheen, biedt relevante content. Gebruik omschrijvende kopjes, zorg dat de code (CSS, XHTML) kort en krachtig is net als de tekst. Blijf vooral de gebruiker in het zicht houden en niet de zoekmachine.

Update je content regelmatig. Zijn er dingen gewijzigd, heb je e.e.a. onlangs nog gecontroleerd, hou je website up-to-date. Hoe relevanter je bent, hoe meer verwijzingen en backlinks je krijgt en des te meer Google (of welke andere zoekmachine dan ook) je waardeert.

Het optimaliseren van de content voor zoekmachines kun je vanaf een aantal invalshoeken benaderen. De technische of architectuur invalshoek. Hierbij wordt de technische SEO structuur bekeken en wordt een vooral gekeken naar de ranking in de zoekmachines en het potentieel wat producten of diensten kunnen realiseren. De inhoudelijke invalshoek zegt meer iets over de manier waarop content is geschreven. Hoe kan de zoekmachine de informatie destilleren tot een begrijpbaar stukje tekst. Is er gewerkt aan tagging, keyword density, hoe is de interne linkstructuur, is er veel concurrentie op het gebied, hoe wordt een zoekresultaat weergegeven, etc. De populariteits invalshoek zegt iets of er veel relevante links of verwijzingen zijn van en naar de content of wordt er veel over gesproken.

Een paar praktische SEO tips:

- ✓ Zorg dat je belangrijkste items op je homepage met een doorverwijzing staan
- ✓ Plemp je homepage niet vol met links, want dit kost je je Google score
- ✓ Gebruik www.opensiteexplorer.org om te kijken hoe populair je bent en van waar er naar jou toe verwezen wordt
- ✓ Gebruik www.seo-browser.com om te zien hoe een zoekmachine je site leest
- ✓ Maak aparte pagina's aan voor belangrijke zoekwoorden. Zorg wel voor unieke pagina's en unieke content die uiteraard relevant is
- ✓ Hebben je linkjes of afbeeldingen een beschrijvende tekst?
- ✓ De meest relevante zoekwoorden voeg je toe aan het eerste gedeelte van je url
- ✓ Analyseer je domein autoriteit via Seomoz (www.seomoz.org)
- ✓ Vergoot je backlinks met Yahoo Site Explorer www.siteexplorer.search.yahoo.com

Ecommerce - handel drijven

De essentie van Ecommerce of Ebusiness (termen worden dikwijls door elkaar gebruikt) is het omzetten van bezoekers naar klanten danwel het behouden van terugkomende klanten. Hier gaan we nu in op een aantal radartjes waaraan je kunt draaien om nog meer omzet te realiseren, of om het proces te optimaliseren.

Heb een helder schappenplan. Net zoals in de winkels. Zet niet al je producten in de aanbieding, want dat komt niet geloofwaardig over. Aanbiedingsproducten of diensten zijn te vergelijken alsof ze in de Bonus zijn. Het is een financieel of emotioneel voordeel om deze producten nu in een tijdelijke situatie aan te schaffen. Maak duidelijke assortimentskeuzes, breng breedte en diepte aan in je assortiment. Wat zijn je e-Business doelstellingen. Wil je veel verkopen of gaat het juist om de kwaliteit van de levering. Is je gehele funnel wel meetbaar; zijn alle stappen individueel te traceren en weet je wat de herkomst is. Kunnen producten met elkaar vergeleken worden en zijn de verschillende voordelen en verschillen tussen de producten of diensten goed uitgelegd.

Het winkelmandje

O zo belangrijk, maar vaak o zo vergeten: het winkelmandje. Feitelijk je kassasysteem waarvan we net iets meer verwachten dan in een gewone winkel. Belangrijkste is dat hij doet wat hij van je verwacht. Het is je hoeksteen van je winkel. Zonder dit apparaat ben je nergens. Is hij betrouwbaar en kun je ervan op aan. Niets is zo vervelend als wanneer je een boze klant hebt die niet heeft gekregen wat hij heeft verwacht. Zijn producten goed opgevoerd met de juiste prijzen en de juiste kortingen. Daarom een korte checklist om af te vinken.

Winkelmandje – checklist

- ✓ Wordt gedurende het winkelproces het winkelmandje en inhoud bewaard?
- ✓ Kun je in en uit het winkelmandje gaan en worden de acties opgeslagen?
- ✓ Kan het winkelmandje te allen tijde worden geraadpleegd?
- ✓ Kent het winkelmandje een logische checkout?

- ✓ Is op de kassabon alle onderdelen (aantal, prijs per eenheid, aankoopdatum, retourpolicy) zichtbaar?
- ✓ Kan de bezoeker zijn bestelhistorie inzien?
- ✓ Kan de bezoeker de retourmogelijkheid bekijken?
- ✓ Wat zijn de verzendkosten en bied je verschillende mogelijkheden aan?
- ✓ Wanneer kan het product mogelijk verwacht worden?
- ✓ Is er een mogelijkheid om later te betalen?
- ✓ Welke verschillende betaalmogelijkheden bied je aan?
- ✓ Is er een mogelijkheid om in een winkel of partnershop af te halen?
- ✓ Wat zijn de BTW kosten, indien van toepassing?
- ✓ Kun je het product verpakken of als cadeauverpakking?
- ✓ Hoe ga je om met foutmeldingen in het winkelmandje? Wordt er een duidelijke oplossing aangeboden?
- ✓ Heb je een aparte voorraadbeheer voor je webwinkel?
- ✓ Is het mogelijk voor buitenlanders of Nederlanders in het buitenland om te betalen?
- ✓ Is het eenvoudig producten te verwijderen?
- ✓ Worden er gerelateerde producten getoond?
- ✓ Kun je terug naar de detailpagina van het product?
- ✓ Is voorraad inzichtelijk en klopt deze ook? Of zit er een vertraging in?
- ✓ Worden out-of-stock producten niet meer getoond?
- ✓ Kun je eenvoudig producten toevoegen en verwijderen?
- ✓ Bestaat de mogelijkheid om een item dat je per ongeluk hebt verwijderd, weer terug te zetten?
- ✓ Wordt er niet teveel verschillende dingen gevraagd op 1 pagina?
- ✓ Prop niet alles in de laatste stap
- ✓ Is er een product link naar de productomschrijving beschikbaar?
- ✓ Zitten de knoppen BESTEL en VERWIJDER niet toevallig naast elkaar?
- ✓ Heb je een betrouwbaarheidsembleem bv Verisign, ThuiswinkelWaarborg, Paypal of CreditCard certificaat?
- ✓ Is het mogelijk om te live-chatten wanneer een bezoeker in de problemen is?

- ✓ Is het mogelijk en eenvoudig om promotiecodes te gebruiken? Worden niet gebruikers hierdoor gehinderd?
- ✓ Worden nog ergens de voordelen waarom je het ook alweer aan het kopen was, getoond?
- ✓ Kun je snel naar veelgestelde vragen gaan, zonder alles opnieuw te hoeven invoeren?

Optimaliseren voor Mobiel

Het is geen geheim dat mobiel de toekomst is. Het is de eerste stap naar integratie van internet met andere devices dan de traditionele pc. Straks gaan we internet op onze scheerspiegel zien en kijken we even of er nog files staan. Aan het gasfornuis zitten recepten gekoppeld van vrienden en op andere logische oppervlaktes zullen we schermvertoningen gaan krijgen. Buigbare schermen, opgeblazen schermen, hele kleine schermen, schermen van glas of filterdun spul. We gaan het zien…

Het voordeel van de opkomst van mobiel internet, is dat we weer mogen gaan rationaliseren en terug moeten gaan in de beperking. Schermgrootte, bandbreedte en variëteit aan sites en apps dwingt ons tot slimme oplossingen.

Een mobiele website kan op twee manieren ontstaan. Het kan een verlengstuk zijn van je website of het kan een kopie zijn op een kleiner scherm. Wanneer de mobiele website een verlengstuk is, toon je bepaalde functionaliteiten of nieuwsitems of applicaties bewust wel of niet op het mobiele scherm. Geef de bezoeker altijd de mogelijkheid om voor de volledige website te gaan. Juist nu met de tablets is het niet meer nodig een .mobi of m. website te forceren op een “mobiel” scherm. Wanneer de mobiele website een exacte kopie van je website is, hou er dan rekening mee (niet alleen in de

CSS stylesheet) dat niet alle elementen goed over het voetlicht verschijnen.

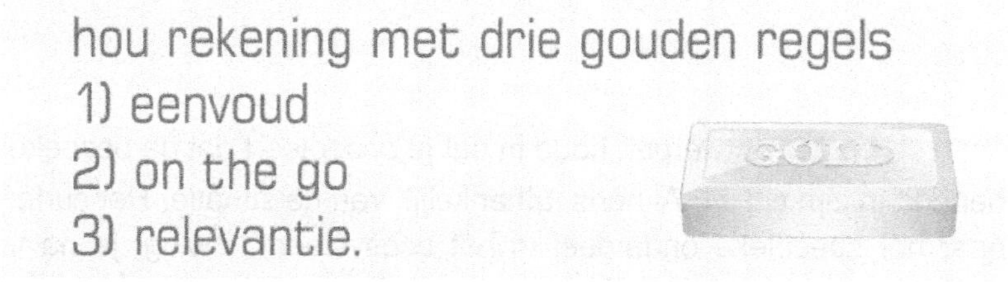

Eenvoud. De beperking in de eenvoud heeft als aanleiding dat schermgrootte beperkt is en dat je in functionaliteiten terug moet gaan tot de essentie. Bedenk slimmigheden in design of in navigatie. Relevantie wordt daarom de key value driver. Wat is het meest relevant voor de gebruiker zonder hem al te veel af te leiden. Ga van tien call to actions terug naar een primaire call to action. Geef de gebruiker het gevoel dat ze in control is en keuzes die gemaakt zijn logisch en functioneel zijn. Eenvoud brengt nog een ander voordeel met zich mee en dat is snelheid. In Nederland hebben we zo ontzettend snel internet, maar vergeet het maar in de landen om ons heen. Duitsland bijvoorbeeld loopt gigantisch achter en zijn er serieus nog 52kbps verbindingen. Een paar tips om de eenvoud te optimaliseren

- ✓ Zorg voor de ultieme eerste indruk
- ✓ Gebruik geen popups
- ✓ Vermijd elementen die afleiden
- ✓ Maak een logische intuïtieve hiërarchie
- ✓ Laat de context zien waarin je e.e.a. uitlegt
- ✓ Geef feedback (zowel na het uitvoeren van een actie, als antwoorden op vragen)
- ✓ Gebruik grotere knoppen (in de bus kan je vinger nogal bewegen)
- ✓ Ontwerp voor gestures
- ✓ Biedt duidelijke call-to-action
- ✓ Geef altijd de mogelijkheid om terug te gaan naar de originele website

- ✓ Maak keuzes
- ✓ Gebruik een eenvoudige navigatie

On-the-go ontwerpen houd in dat je accepteert dat de bezoeker beperkt in zijn tijd zit. Althans, afhankelijk van de situatie. Het surfen naar het specifieke onderdeel in het ecosysteem dwingt je na te denken over waar iemand zich bevindt. Voor welk scherm binnen het ecosysteem biedt je welke functionaliteit. Voor een uitgeverij kunnen verschillende devices aanvullend op elkaar werken. Zo is het mobiele device goed om vluchtig te consumeren, terwijl de tablet prima fungeert als achtergrond informatie, en als straks Twitter geïntegreerd wordt op een horloge, dan is dat een nog vluchtiger device. Kortom, de bezoeker komt functioneel naar je website en stelt de eis om snel iets te kunnen vinden. Geen tijd te verdoen, iemand is buiten de deur en op zoek naar de dichtstbijzijnde bank of winkel? Lever hem dat dan ook.

Relevantie is waarschijnlijk de essentie van het ontwerpen op mobiel. Ontwerp voor het momentum en biedt alleen gerelateerde (zowel aan persoon als aan omgeving) content of applicaties. Wanneer ik in Apeldoorn naar een Albert Hein zoek, dan bedoel ik waarschijnlijk dat ik of de AH daar in de buurt zoek, of dat ik de aanbiedingen die voor mij relevant (bijvoorbeeld obv mijn Bonus kaart) zijn wil zien.

Relevantie is ook onbekende relevantie waarbij je aanbiedingen kunt doen die gebaseerd zijn op het profiel van de bezoeker. Dit noemen we gestuurde relevantie waarbij we als bedrijf relevante artikelen of andere suggesties doen op basis van aankoop of surfgedrag.

Usability onderzoek

Testen, testen en nog eens testen

Prachtig zijn de discussies of een banner wel of niet mooi is. Heel erg vaak worden gevoelsmatige discussies gevoerd over de uitstraling van een website, de schrijfwijze van een tekst of de volgorde waarin je de bezoeker door je winkel laat lopen. Allemaal leuk en aardig, maar een teleurstellende vorm van navelstaarderij. Een eeuwenoud gezegde is dat de klant altijd gelijk heeft. En vanuit dit vakgebied kunnen we dat toch wel redelijk goed meten en daarmee hypotheses aannemen of verwerpen. Het is ook niet zo verwonderlijk dat Google met haar A/B testing tool op de markt is gekomen. Onderwerp interne vraagstukken daarom aan een klantonderzoek. Je kunt er vergif op innemen dat de klant altijd voor de lelijkste banner, de meest afgrijselijke tekst of meest onlogische volgorde kiest. Als je dit vaak tegenkomt dat juist het tegengestelde waarheid blijkt te zijn, dan moet je toch kijken of je wel de klant begrijpt en niet een ander vak moet gaan zoeken. Geintje.

Testen kan op een hele eenvoudige manier met Google A/B testen en is prima in te zetten wanneer je simpele tests wilt op zetten. Wanneer je wat complexer zou willen testen is Sitespect aan te raden. Sitespect is een tool die een scherm voor je website legt en waarmee je jouw site helemaal overhoop kunt gooien. Hiermee kun je uitstekend multivariaat testen en dat is weer interessant als je veel traffic hebt of meerdere tests tegelijkertijd hebt lopen.

Ga vooral niet lukraak testen. Heb een doel, maak een veronderstelling, wanneer is een test geslaagd en komt een hypothese wel of niet uit.

Hou ook rekening met externe omstandigheden. Hou rekening met nieuwe site releases, product uitbreiding, omgevingsfactoren als het weer of crisis of vakantieperiode. Probeer zo zuiver mogelijk te testen. Wanneer je meerdere testen tegelijkertijd uitvoert, hou er dan rekening mee dat testen elkaar kunnen beïnvloeden.

Hieronder een aardig lijstje om je op weg te helpen met verschillende test mogelijkheden

- ✓ Toon het product in gebruik/ in actie vs "op de plank"
- ✓ Verplaats je afbeeldingen
- ✓ Zoom in op het product
- ✓ Verander productbeschrijvingen
- ✓ Speel met je "voeg toe aan winkelmandje" buttons
- ✓ Speel met de locatie van actieknoppen
- ✓ Probeer verschillende ontwerpen van buttons
- ✓ Toon product beschikbaarheid of andere schaarste elementen (nog maar X op voorraad)
- ✓ Test en speel met woorden die klanten juist gebruiken
- ✓ Biedt na de funnel een verrassing (gratis verzendkosten)
- ✓ Test met je meest verkochte producten (trending)
- ✓ Test de 3 seconde regel (wat herinner nadat je 3 seconde een pagina gezien hebt)
- ✓ Schrijf om te verleiden (bv door iets te verkopen)
- ✓ Speel met overtuigende product omschrijvingen
- ✓ Varieer teksten om vertrouwen te winnen en speel met argumentatie
- ✓ Test alsjeblieft je meest dure pagina's. Dwz pagina's met meeste bezoek, bv je homepage. Pagina's waar niemand verder gaat. Pagina's waar heel veel negatieve reacties op worden gegeven.

Testen – een aantal varianten

Naast Multi-variaat testen zijn er nog zo veel meer mogelijkheden om te testen. Of het nu kwalitatieve of kwantitatieve testen zijn. Probeer de mening van de klant te filteren om zo uiteindelijk optimaal rendement te halen. *Denk na over de groepsgrootte en waak voor N=1 antwoorden die niet meetkundig verantwoord zijn.* Test vooral stokpaardjes van anderen. Niets is lastiger dan iemand die ergens een goed gevoel over heeft, of ergens fan van is, te laten kijken door de ogen van de consument. Vaak zijn stokpaardjes ervaringen uit het verleden of een verzameling van opgedane kennis (gelezen in een vakblad, gezien bij de concurrent, gehoord van een kennis, of al eens bij het vorige bedrijf geprobeerd). Gebruiksonderzoek kan hierbij helpen. Wat vindt de klant ervan. Bij klantinterviews, of klantpanels stel je concreet de vraag, of probeer je te herleiden uit een aantal proefvragen waar de behoefte ligt. Bij gedragstesten zoals heatmapping, eyetracking of usability onderzoeken, wordt het aangewende gedrag beschouwd als het antwoord. Laat de klant aan de hand van een aantal scenario's waarvan jij denkt dat hij een bepaald pad gaat afleggen, naspelen en constateer dan of jouw verwachting wel of niet overeenkomt.

Zo kun je een Cardsort test gebruiken om terminologie en groeperingen te kunnen bepalen. Een veelgebruikte testvorm is de BETA test. Hierbij lanceer je een product, functionaliteit, website of dienst terwijl je nog aan het werken bent aan het eindproduct. Je vraagt hiermee feedback over het eindresultaat. www.conceptfeedback.com Biedt hier een mooi alternatief voor. www.usabilla.com biedt je de mogelijkheid om verschillende varianten van je website te testen. Terwijl www.fivesecondtest.com aardig is om te kijken wat gebruikers de belangrijkste call to action op je pagina vinden.

Foutmeldingen – doe er wat aan

Foutmeldingen geven aan dat een bepaalde flow of actie niet kan worden nagekomen. Een bezoeker krijgt een pagina die niet gevonden wordt, of er is een verkeerd veld in het formulier ingevuld.

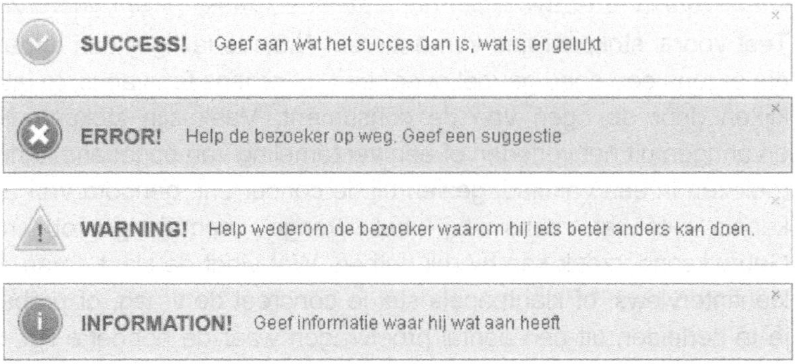

Insteek van een foutmelding, is de bezoeker weer op het juiste pad te brengen. Daarom is het wenselijk om er wat aandacht aan te besteden. Test bijvoorbeeld met foutmeldingen. Gebruik een groter foutmeldingslettertype, test met rood of zwart, of maak het cursief. Test de locatie van de foutmelding. Wat als de foutmelding namelijk alleen maar bij de fout staat en niet bij de plek op het formulier waar je bent en je dus helemaal naar boven moet scrollen om de fout te ontdekken. Welke oplossing biedt je. "fout in geboortedatum", zegt natuurlijk helemaal niets. Misschien heeft iemand wel iets ingevuld, maar niet in het gewenste format. Dan kun je twee acties ondernemen; of je maakt het mogelijk meerdere formats te tonen, of je geeft een suggestie en laat zien dat dag-maand-jaar (dd-mm-jjjj) op de betreffende manier zou moeten worden ingevuld.

Cross-sell – upsell – bundelen

'Tuurlijk wil je altijd meer verkopen. Dat snappen we best. Misschien wil je überhaupt iets verkopen en is dat alleen maar een extra verdienmodel. Bekijkt iemand op je website een autovakantie, laat hem dan in zijn winkelmandje misschien ook een navigatiesysteem aanschaffen of een leuk reisgidsje voor de bestemming. Dit noemen we cross-sell. Door bezoekers op basis van business logica proberen te interesseren voor gerelateerde artikelen. Dit kan tijdens het surfen zijn, maar kan ook aan het einde van de boekingsflow. Per website verschillen de resultaten. Wat voor de één belangrijker is om het hoofdproduct te verkopen en bijproducten alleen maar afleiden, danwel mogelijk afremmen, tot de daadwerkelijke sell, is het de moeite waard om dit fenomeen goed door te testen. Kijk wat de checkout counter optimalisatie voor jouw website is.

Bij upsell probeer je een klant van het meest eenvoudige Nespresso apparaat te verleiden (ehh in zijn belang te overtuigen) waarom die duurdere variant toch net iets beter is. Solution selling (verkopen van oplossingen ipv producten) waarbij je de producten naast elkaar neerzet en de verschillen aantoont zal de bezoeker overtuigen wat de meerwaarde is van al die extra’s.

Bij bundeling probeer je de bezoeker te verleiden om niet slechts twee boeken te verkopen, maar een actieprijs te bieden door het derde boek voor de helft aan te bieden. Bij de Albert Hein zie je vaak 2+1 gratis. Dit bundelen kan ten koste gaan van je marge, maar kan juist ook wat voorraad wegwerken van producten die je weg wilt hebben.

Bonus thoughts

Wil je extra bannerplekken zoeken, maar je hebt er geen ruimte meer voor? Wat dacht je van "navandising"? Een oplossing die je steeds vaker terug ziet in de rijkere menustructuren. Gesponsorde menu items die je tussen alle andere navigatie elementen ziet. Een steeds vaker terugkomende vorm is de rijke uitklapmenu waarin je contextueel relevante aanbiedingen toont die prominent aandacht krijgen.

Navandising is een samentrekking van navigation + merchandising.

Een variant op cross-selling is persuasive profiling. Door een cookie te plaatsen en het gedrag te volgen kun je suggesties bieden voor producten die mogelijk relevant zijn. Je kunt ook een stapje verder gaan en op basis van het profiel weten wat voor type surfer iemand is. Is het een zekerheidzoeker, is het iemand die functioneel surft, is het iemand die wikt en weegt en producten van voor tot achter met elkaar vergelijkt, speel hier dan op in. Door een twijfelaar minder keuzes te bieden, of een filter te geven op een aantal alternatieven, probeer je suggestief de bezoeker te verleiden tot aankoop.

Met behavioral targeting duik je wat dieper in op het surfgedrag van de bezoeker. Door tijdens de sessie handvaten te bieden die kunnen helpen om tot een aankoop over te gaan. Een bezoeker die al 5 minuten stil staat bij een tweede stap in de funnel kan uiteraard naar het toilet zijn gegaan, maar kun je ook aanbieden om de klant telefonisch door de funnel te loodsen. Let goed op dat inhaken op het surfgedrag kan leiden tot een "big brother is watching you" gevoel. Zolang je oprecht helpt en probeert een probleem op te lossen, dan wordt dat veel sneller geaccepteerd.

Er zijn genoeg bezoekers die er niet uit komen alleen het contact met je website en dan toch maar even gaan bellen. Hartstikke fijn natuurlijk, maar hoe kun je een bezoeker nu helpen met een hele specifieke vraag? Hoe weet je welk scherm hij voor zijn snufferd heeft? Met co-browsing kijk je feitelijk over de schouder heen en haak je in op hetzelfde scherm als dat de bezoeker voor zich heeft. Met Speedtrap of Tealeaf kun je sessies monitoren, analyseren of gebruiken om de klant verder op weg te helpen of een klantvraag te beantwoorden.

Expert Review scorecard

Een handig hulpmiddel om de effectiviteit van je connected services te toetsen, is de scorecard. Door met de ogen van de internet expert ernaar te kijken, krijg je inzicht in de verbeterpunten. Vandaar dat ik ooit een handige checklist heb ontworpen en die ik ook dagelijks toepas. Het is feitelijk een soort scoringsmodel waarbij je een maximum aantal punten kunt toekennen aan een onderdeel en er de actuele score van vandaag in noteert. Het maximum aantal punten zegt iets over hoe belangrijk dit onderdeel voor je is. Als het onderdeel ver onder de maat scoort, is het advies om hierop verbeteringen door te voeren. Dit is geen mathematisch advies, maar een oprecht oordeel. De scorecard kun je zelf invullen, maar soms is het ook goed om anderen dit te laten invullen. Impliciet kun je deze vragen ook aan je klanten stellen of kijken naar je site analyse statistieken om te beoordelen of je voldoende scoort.

Onderdeel Homepage

Usability issue	Max punten	score
Is identiteit helder		
Is propositie helder; welke businessdoelstellingen liggen eraan ten grondslag		
Laadtijd binnen 2 seconden (conventie richtlijn)		
Overzichtelijke navigatie aanwezig? (visuele, hoofd-,		

kruimelpad, scanbaar)		
Is het appealing om iets te doen, visuele attractiviteit		
Is er aansprekende content (SEO geoptimaliseerd, spreekt bezoeker aan)		
Is er een duidelijke footer?		

Onderdeel navigatie

Usability issue	Max punten	score
Is er een logische sitemap (sense of place) aanwezig		
Is het voor bezoeker helder waar hij zich bevindt? (dmv kruimelpad, in stap X van Y aantal stappen, visuele scanbaarheid)		
Komt titel van het onderdeel overeen met inhoud?		
Ondersteunt het menu veel voorkomende taken?		
Zoek design. Worden zoekresultaten effectief getoond?		
Is er hiërarchie in de pagina? Is er door de bezoeker doorheen te navigeren?		
Past de navigatie binnen de customer journey van de Persona?		
Is de pagina template of applicatie template in place? (herkenbaar grid, categorie pagina's, subcategorie, overzichtpagina's, product details)		
Is de pagina indexeerbaar door zowel Google/ GSA		

Onderdeel Content

Usability issue	Max punten	score
Copy is scanbaar en actueel		
Copy voldoet aan de SEO en SEA richtlijnen		
Copy biedt logische informatie hiërarchie en is scanbaar		
Copy bevat veel gezochte termen/ FAQ begrippen/ taal vd klant / uit klantvragen van andere kanalen		
Copy is geschreven vanuit perspectief van de klant		

en vermijd onnodig vakjargon		
Copy en mogelijke FAQ is afgestemd met andere kanalen (winkels, bladen, contact center)		
Copy is getoetst aan doelgroep (behoefte/wensen)		
Categorieën zijn omschrijvend voor wat eronder valt		
Categorisering is helder (content architectuur is over nagedacht)		
Categorieën zijn onderscheidend en logisch voor de gebruiker		
Copy voldoet aan de huisstijl		
Productinformatie is begrijpelijk, overzichtelijk en in één oogopslag scanbaar)		
Content is relevant en draagt bij aan de propositie		
Less is more. Wat kun je schrappen. Zowel taaltechnisch als aantal items		
Is content afgestemd op verschillende devices (apps, web, connected)		
Zijn zinnen kort en actief geformuleerd? Nodigt het uit om iets te doen		
Zijn er andere kanalen die een rol hebben in het proces? Bv die leads genereren of waaraan je leads levert. Is dit duidelijk		
Is er bewust omgegaan met UserGeneratedContent		
Is er bewust een reactie/review/rating component aan of uitgezet		
Is er nagedacht over hoe gebruikers om gaan met de producten; hoe ze de producten kunnen gebruiken. Ipv puur omschrijven		
Wordt content consumptie of content productie gestimuleerd?		
Is de content onderdeel van een stream of publicatie		

Onderdeel ecommerce

Usability issue	Max punten	score
Wordt de ecommerce getoetst aan de business doelstellingen en kritische succesfactoren?		
Is er een analyse geweest op kritische succesfactoren en umfeld (concurrentie analyse)		

Zijn de statistieken structureel geanalyseerd en komen daar verbeterpunten uit?		
Komt er uit de statistieken naar voren welke onderdelen potentie hebben, afgestoten moeten worden of goed excellereren?		
Wordt de Wie, Wat, Waarom en Waar vraag beantwoord?		
Is de complete funnel inclusief bedankpagina meetbaar en dus geanalyseerd?		
Functioneert winkelmandje volgens verwachting? Is de gebruiker in control?		
Kan het winkelmandjes te allen tijde worden geraadpleegd, geleegd en besteld worden?		
Is de verkoopfunnel opgesplitst in logische stappen? Zijn er niet stappen teveel samengevoegd of uit elkaar getrokken?		
Kunnen producten of diensten met elkaar worden vergeleken?		
Is er bij de vergelijking een best buy optie aangeboden?		
Kunnen producten in groepsverband worden gekocht? Verschillende categorieën combinerend.		
Is er inzicht in de meerwaarde van een wat duurder product. Wordt hier op gewezen?		
Gaat het winkelmandje over een beveiligde verbinding?		
Kent het winkelmandje een logische checkout?		
Biedt het winkelmandje inzicht in gekochte producten, account type, account details.		

Onderdeel Presentatie

Usability issue	Max punten	score
Klikvlakken zijn herkenbaar, voldoende groot en doen wat ze moeten doen		
Tekst op de buttons is actief geformuleerd (nodigt uit tot actie)		
Relevante onderdelen en elementen van de pagina worden herkend en gebruikt		

Patterns zijn conform stijlgids en herkenbaar. Bovendien zijn ze in CSS geschreven zodat wijzigingen eenvoudig kunnen worden doorgevoerd		
De pagina/applicatie bevat een print stylesheet		
Afbeeldingen of video's zijn voorzien van een verklarende alt-tag		
De verrijking van de content (afbeeldingen en video's) zijn ondersteunend aan de content		
Tyopgrafie is helder en herkenbaar. Consistent en heeft een duidelijke hiërarchie		
Afbeeldingen ondersteunen de navigatie (leiden niet teveel af, zijn logisch gepositioneerd, niet te klein/te groot).		
Afbeeldingen ondersteunen de layout en zijn van toegevoegde waarde		
Afbeeldingen vullen de tekst aan en leggen uit		
Afbeeldingen passen in de huisstijl (dynamisch of juist statisch, of juist details weergeven)		
Kleurgebruik wordt toegepast om elementen te benadrukken		
Kleurgebruik wordt toegepast bij groepering		
Layout is getoetst aan de formule en huisstijl		
Layout is in balans en conform design library		
Layout ondersteund de boodschap en propositie		
Layout kent een logische groepering (zowel in content als vormgeving)		
Layout heeft een eenduidige uitlijning/structuur/patroon		
Layout confirmeert aan pagina hiërarchie		
Layout is visueel niet te complex		

Onderdeel Interactie

Usability issue	Max punten	score
Zijn er andere kanalen die het verkoopproces voorbereiden of afmaken?		
Kun je in een splitsecond een keuze maken?		
Is de interactie afgestemd op het niveau van de bezoekers?		

Zijn de actie elementen logisch, verhelderend en in de juiste volgorde?		
Weet de gebruiker wat er van hem verwacht wordt?		
Zijn links meetbaar, verklarend en werken ze correct?		
Past de pagina of applicatie binnen de customer journey?		
Kent de omgeving een succesvolle user flow (aantal stappen om een taak te completeren?)		
Zijn de schermen getest in de meest voorkomende browsers en schermformaten?		
Zijn helpteksten verklarend en bieden ze de helpende hand?		
Zijn foutmeldingen verklarend en bieden ze een richting op te gaan?		
Is de interactie direct en ziet de gebruiker dat er wat gebeurt?		
Is er geen onnodige laadtijd gevraagd? Kan deze worden geoptimaliseerd?		
Is de gebruiker in control over het gedrag van de website?		
Kan de gebruiker eenvoudig navigeren tussen de stappen en de content?		
Kan een gebruiker altijd bv vensters sluiten, opdrachten annuleren of terug gaan in het proces? Of zit hij er aan vast?		
Kan de gebruiker opties (de)selecteren binnen verkoopstappen?		
Is het voor de bezoeker duidelijk op welke wijze de site reageert nav zijn handelingen? Is er feedback?		
Is het voor de bezoeker duidelijk wat hij kan verwachten (feedforward)?		

Made in the USA
Monee, IL
04 November 2026

67379285R00069